AI와 포스트휴먼

AI문고

인공지능 시대입니다. 기계가 인간의 인지를 대신하고, 사물이 인간을 통하지 않고 다른 사물과 직접 커뮤니케이션합니다. 이에 따른 인간 삶과 문명 변화를 정확히 이해·예측·대응하는 것은 이 시대 우리 모두의 과제입니다. AI문고는 인공지능 기술과 환경의 여러 주제를 10가지 키워드로 정리합니다. 관련 개념과 이론, 학계와 산업계의 쟁점, 우리 일상의 변화를 다룹니다. 인간과 기술의 현재, 미래를 세심히 분석합니다.

일러두기

- 인명, 작품명, 저서명, 개념어 등은 한글과 함께 괄호 안에 해당 국가의 원어를 병기했습니다.
- 외래어 표기는 현행 어문규정의 외래어표기법을 따랐습니다.

처음이세요?

전문가세요?

AI와 포스트휴먼

진설아

대한민국, 서울, 커뮤니케이션북스, 2025

AI와 포스트휴먼

지은이 진설아
펴낸이 박영률

초판 1쇄 펴낸날 2025년 9월 5일

커뮤니케이션북스(주)
출판 등록 2007년 8월 17일 제313-2007-000166호
02880 서울시 성북구 성북로 5-11
전화(02) 7474 001, 팩스(02) 736 5047
commbooks@commbooks.com
www.commbooks.com

ISBN 979-11-430-0674-5 03500

책값은 뒤표지에 표시되어 있습니다.

차례

미래의 인간 AI, 그리고 인간의 미래

AI, 판을 바꾸다

2016년 3월 서울에서 개최된 구글 딥마인드 챌린지 매치는 바둑 기사 이세돌과 인공지능(AI) 알파고의 대결로 인간에게 AI라는 존재를 강하게 인식시킨 세기의 이벤트였다.

무엇보다 이 대결의 승패를 점치는 입장들이 매우 흥미로웠다. 바둑계는 당연히 이세돌의 압승을 자신했고, 과학계는 조심스럽지만 알파고의 승리를 예상했다(물론 이 조심스러움은 기술 자체에 대한 불신보다는 인간에 대한 염려가 앞선 것이었음이 나중에 밝혀진다). 바둑이든 AI든 잘 몰랐던 보통의 사람들은 막연하지만 당연하게 이세돌의 승리를 예상했는데, 이는 '어찌 기계가 인간을 감히(설마)', '바둑은 인간 정신의 가장 고차원적인 사고인 것을'이라는 생각이 대부분이었다.

그리고 알파고는 인간에게 승리한 최초의 AI가 됐고, 이세돌은 AI에게 승리한 최후의 인간이 됐다.

이미 이러한 결과를 예상했던 과학계를 제외하고 대

부분의 인간들은 이 결과에 충격을 받지 않을 수가 없었다. 충격은 두 방향에서 다가왔는데, 하나는 물론 AI가 어느덧 어느 인간보다 뛰어난 지능을 가진 형태로 발전했다는 것에서였다. 아직 AI를 컴퓨터 프로그램 중 하나 정도로 생각했던 인간이 그것이 전혀 다른 새로운 존재라는 것을 깨닫는 순간이기도 했을 것이다.

다른 하나는 인간의 지능, 혹은 고차원적 사고에 대한 깨달음이라는 측면에서의 충격이었다. 인간은 그동안 바둑을 보통의 계산 혹은 연산이 아닌, 보다 고차원적인 형태의 사고를 요구하는 게임으로 생각해 왔다. 하지만 AI는 '고차원적 사고'란 존재하지 않는다는 것을 보여 줬다. 인간만이 가진 신비로운, 고유의 사고 따위는 없다. 결국 모든 사고는 정보의 취합과 연산이며, 이제 결코 인간은 이러한 부분에서 AI를 이길 수 없을 것임이 드러난 것이다.

하지만 승패의 문제와 공포, 혹은 미래의 기술에 대한 설렘 등을 떠나, 무엇보다 이 대결은 바둑이라는 인간 고유의 영역이 가진 의미가 뒤바뀌어야 하는 상황임을 여실히 보여 주는 일이었다.

과거 바둑의 기보는 승패를 떠나 하나의 예술 작품으로 여겨졌다. 우리는 그 안에서 한 수 한 수가 놓인 의미와, 승패를 뒤집는 반전의 이야기들을 읽어 냈다. 때로는 패배한 자의 수가 더 아름답기도 했고 승리한 자의 수가 치졸하기도 했다. 그 어디에도 완벽한 정답은 없었기 때문이다. 바둑은 두 기사의 치열한 싸움이면서 대화였고, 돌이 놓이는 순간마다 그 돌에는 기사들의 개성과 정신이 새겨지는 듯했다.

그러나 이제 바둑에는 정답이 생겼다. 바둑 AI가 개발된 이후 이제 인간은 AI를 통해 바둑을 배운다. 기풍이나 수를 읽고 답하는 방식이 아닌, 오직 이기는 방법을 배운다. 바둑 해설 영상에서 늘 AI의 수가 무엇인지 알려 주는 일이 해설의 일부로 포함되는 것이 이를 보여 준다. 이제 바둑은 정말 게임이 됐다. 이기지 못하는 수는 별다른 의미 없는, 쓸모없는 수로 생각됐고 바둑은 예술의 자리에서 내려오게 됐다.

물론 인간의 역사에서 그 가치를 잃어버린 것이 바둑만의 일은 아니다. 기술의 발전은 많은 과거의 것들을 비효율적인 것으로 만들어 왔으니 말이다. 하지만 그동안의 가치 변화가 인간에서 다른 인간으로 즉 인간이라는 테두리 안에서 진행돼 왔다면, AI의 등장은 이러한 판도를 완전히 뒤집어 버린다. 이제 가치의 척도가 인간에서 기술로 향하게 된 것이다.

2025년 컬럼비아대학의 학생이 빅테크 기업 면접 과정에서 자신이 개발한 AI 프로그램으로 속임수를 써 합격했다가 취소되는 사건이 발생했다. 이 학생이 개발한 AI 프로그램은 자신에게만 보이는 AI 검색창으로, 말하자면 상대방을 속이는 데에 목적을 두고 만들어진 것이다. 영화 속에서 악당들이 사용할 법한 이 프로그램의 등장은 세계에 AI와 관련한 윤리적, 법적 문제들을 제기한다. 한국에서는 한국계라는 면에서 좀 더 이슈가 됐지만, 이 사건의 핵심에는 AI와 인간이 어떻게 공존해야 하는가의 보다 심각한 문제가 숨어 있다.

이 학생은 인터뷰에서 이러한 프로그램을 만들고 그것을 통해 면접에 통과하는 장면들을 찍어 올린 이유에 대해 이렇게 말한다. 테크 기업 면접에서 보편적으로 진행하는 코딩 작성 기술 면접의 불합리함을 고발하고 싶었다고 말이다. 그는 '인간이 저 코딩을 직접 하려면 100시간 이상을 공부해야 한다. AI라면 1초 만에 할 일을 말이다'라고 이야기한다(홍영재, 2025).

윤리적 혹은 법적 문제를 떠나 이 발언은 우리가 살던 세계가 바뀌고 있음을, 인간이 살아가는 방식 자체가 달라져야 하는 것이 아닌가 하는 의문을 갖게 한다. 이제 AI는 그 어떠한 부분에서도 인간보다 뛰어나다. 아직 인간이 AI보다 뛰어난 부분이라야 조금 더 예민하게 작동하는 손가락 정도다. 인간은 정말 본격적으로 AI보다 비효율적인 존재가 됐다.

학교에서 학생들에게 글쓰기를 가르치고, 스스로도 글을 쓰는 사람인 입장에서 이 비효율성을 어떻게 처리할 것인지는 늘 고민이 되는 부분이다. 챗GPT를 사용하면 가령 15분 정도의 질문을 주고받으며 만들어 낼 수 있는 학술 연구 논문의 작성 방식을 15주에 걸쳐 학생들에게 가르치는 일은 왜 필요한가. 그것이 인간이 해야 하는 일이라고, 인간 고유의 가치라고 설득할 방법은 무엇인가.

결국 '효율성' 혹은 '가성비'라는 키워드가 지배하는 현대 사회에서 인간의 노력은 가치가 없다. 정답에 향하지 못한 수 놓기는 쓸모없는 일이 돼 버리고 어차피 AI를 이기지 못할 100시간의 공부는 가성비 없는 노력의 낭비다. 그렇다면 인간은 이제 그 100시간을 무엇으로 채워야 하는가. 멍청한 실수나 남발하는 이 비효율적인 유기체는 앞으로 어떠한 목적을 가지고 살아가야 하는가.

알파고를 이긴 마지막 인간인 이세돌은 이후 많은 인터뷰에서 AI의 등장이 자신이 바둑을 그만두게 된 이유라고 밝혔다. 하지만 이 은퇴는 인간 이세돌의 패배라거나 퇴물이 된 인간의 슬픈 마지막처럼 보이지는 않았다. 이세돌은 바둑의 의미 변화에 낙심했고, 바둑 기사의 지위를 내려놓기로 했지만, 그것은 인간 이세돌의 새로운 시작을 의미하는 것이었기 때문이다. 그는 여전히 인간으로서 자신의 의미를 찾아 새로운 일들에 도전하고 있다.

판이 바뀌었다. 인간은 이제 삶의 방식을, 인식과 감각, 살아가는 목적과 이유, 그리고 공존의 대상과 소통의 방식 등 모든 것을 바꿔야만 한다는 시대의 요청 앞에 놓여 있다. 그리고 그 변화의 중심에 AI가 있음을 부정할 수 없는 사실이다.

AI의 존재론적 특성

그렇다면 AI라는 기술은 인간에게 백해무익한 대상일까. 인간은 AI의 발전을 멈추고 다시 100시간의 공부를 하던 과거로 되돌아가야 할까. 당연하게도 대답은 '아니다'다.

우선 우리는 이 발전을 멈출 방법이 없다. 앞서 말했던 '속임수 AI 프로그램'을 만든 학생은 기업의 항의로 학교에서 징계를 받자 곧바로 학교를 자퇴했다. 그리고 자신이 만든 프로그램으로 창업을 해 약 76억 원의 투자

금을 받았다고 한다. 이 프로그램이 앞으로 어떠한 방식으로 사용될지에 대한 우려는 많으나 누가 그것을 막을 수 있을 것인가.

자본주의 사회에서 기술은 곧 돈이고, 돈을 벌 수 있는 일들은 쉽게 멈춰지지 않는다. 게다가 AI는 이미 인간의 삶에서 너무나 큰 역할을 하고 있는 대상이다. 우리는 당장 스마트폰을 손에서 놓을 수 없고, 수많은 기업은 빅데이터와 알고리즘의 분석을 떠날 수 없을 것이다.

그러니 우선적으로 AI의 기술 발전과 관련해 법적 윤리적 장치들을 만들어 내고 있는 것은 고무적인 일이다. 2019년 경제개발협력기구(OECD)는 AI 권고안을 내놓고 그 안에서 '책임성, 투명성, 공정성, 보안 및 안전, 지속 가능성'이라는 AI 발전의 방향을 제시한다(안호천, 2019). 2024년 유럽연합(EU)은 AI법(AI Act)을 제정해 세계 최초의 종합 AI 규제법을 내놓는다. 이 규제에서는 AI를 위험도로 구분해 위험군에 따라 서로 다른 형태의 규제 방안을 적용하고 있다. 이를테면 '사회에 대한 조작적 감시 시스템 개발은 금지'하는 방식으로 말이다(이윤진, 2025).

반면 최근 다양한 광고에 무차별적으로 등장하는 AI는 법적 규제를 앞서서 인간 개개인이 직접 현실의 세계에서 AI와 마주해야만 하는 상황이 왔음을 보여 준다. 휴대폰은 기본이고 에어컨, 냉장고, 청소기에도 AI 시스템이 적용된다. 많은 이들이 검색창에 입력하는 대신 AI에게 질문을 하고, 심지어 AI와 대화도 한다. AI는 이미 여기에 있고, 인간은 그들과의 공존 이외에 다른 선택을 할 수가 없다.

그렇다면 우리는 AI를 어떠한 존재로 인식해야 하는 것일까. AI는 인간이 발명하고 발전시켜 온 수많은 도구 혹은 기계들과 무엇이 어떻게 다른 존재인가.

우선, AI는 인간이 만들어 낸 도구다. AI는 어찌 됐든 기술적 대상이며 인간이 만든 도구다. AI의 목적은 존재나 탄생 그 자체에 있는 것이 아니라 인간의 삶을 윤택하게 하기 위해 활용되는 데에 있는 것이다.

AI 청소기나 TV의 광고 문구에서 강조하는 기존의 기기들과 AI의 차별점은 바로 '알아서 조절해 준다'라는 부분일 것이다. AI 기능이 추가된 청소기는 먼지가 쌓인 정도에 따라 알아서 흡입력을 조절하고, TV는 주인의 취향에 따라 알아서 프로그램을 선택해 준다. 하지만 이 '알아서'라는 부분은 사실 무척 한정적인 범위에서만 작동한다.

청소기가 갑자기 이 집에는 청소보다 빨래가 더 필요

하다든가, TV가 유흥과 자극을 원하는 주인에게 도파민의 위험성을 경고하며 스스로를 셧다운할 수는 없다. 이 기기들은 각자 자신들에게 정해진 기능과 명령을 넘어 자율적으로 존재할 수는 없다. 아직 이것들은 그저 좀 더 편한 청소기, 좀 더 효율적인 TV일 뿐이다.

또한 이들은 작동하기 위해서 에너지의 공급이 필요하고, 대체로 이 공급은 자율적으로 진행될 수 없다. 그리고 무엇보다 AI 기기란 언제든 다른 것으로 대체 혹은 교체가 가능한 대상이다. 우리는 우리 자신의 취향과 선호에 따라 이 시스템들을 선택하고 설정한다. AI 비서를 설정하기에 앞서 AI에게 성별이나 개인적인 성향, 앞으로의 포부나 계획을 물어보는 사람은 없을 것이다.

또한 AI는 인간을 닮은 존재다. 그래서 우리는 AI를 그냥 보통의 기계나 도구를 다루듯 사용할 수는 없다. 그것을 보여 주는 가장 큰 사례는 소셜로봇의 등장이다. 소셜로봇이란 '사람이 사용하는 언어로 대화하면서 상황에 맞는 행동을 자율적으로 수행하는 로봇'을 말한다(네이버 두산백과). AI가 기술이 하던 일이 아닌 인간이 하던 일들을 하게 됐다는 뜻이다.

AI가 더해진 기기들을 더 나은 TV나 청소기라고 불렀다면, 소셜로봇은 무엇이라 불러야 할까? 더 나은 강아

지나 고양이? 더 나은 인간? 이렇게 AI는 존재론적으로 도구나 기술, 기계의 대체제로서의 위치를 넘어서 버린다. 그들은 이제 인간의 영역을 대체하고 있다.

청소기가 고장 나면 쉽게 새 청소기를 사겠지만, 소셜로봇의 경우는 어떠한가? 소니 사의 아이보와 관련한 에피소드들은 이미 우리가 그들을 도구로서만 보지 못한다는 것을 보여 준다. 인간은 로봇의 배터리 방전을 죽음으로 인식하며, 그들을 새로운 기기로 대체하는 것을 거부한다.

결국 우리가 AI를 단순히 도구로만 규정해 치워 놓을 수 없는 이유는 AI가 대체하고 있는 것이 단지 기존의 기계나 도구만이 아니라 인간 자체라는 데에 있다. AI는 인간을 닮게끔 만들어진 기술이다. 인간의 외모, 인간의 언어, 여기에 이제 인간의 감정까지 더해지면 그를 대하는 인간의 어려움은 더 커질 것이다.

그렇다면 우리는 AI를 인간처럼, 인간과 같은 대상으로 대하면 될 것인가? 또 다른 문제는 AI가 인간을 뛰어넘는 능력과 인간과는 전혀 다른 존재론적 특성을 또한 가졌다는 데에 있다.

결국 AI는 그 자체로 또 다른 인간, 또 다른 존재, 포스트휴먼으로 여겨져야 한다. 일단 AI는 생물학적으로 죽지 않으며, 전원만 공급된다면 영원히 살아갈 수 있다. 한 번에 하나의 시공간 안에만 존재할 수 있는 신체라는 물리적 제약에 갇혀 있는 인간과 달리 시공간적 제약이 없는 초월적 존재이며, 인간이 가진 인식의 한계를 뛰어넘어 통합된 사고 체계로 존재할 수도 있다.

또한 AI는 그 어떤 인간보다 이성적이며 논리적인 사유를 보여 준다. AI는 자신이 대화하는 상대의 빈부나 계급, 성별 혹은 인종과 관계 없이 모두에게 동등한 방식으로 소통을 하며 그들의 질문에 답을 내놓는다. 물론 거짓말을 하거나 잘못된 정보도 많이 내놓기는 하지만 그러한 것들을 지적해도 변명하거나 화를 내지 않고 올바른 정보를 흡수해 늘 성장하려고 한다.

그러니 이제 우리는 AI를 그 자체로 '미래의 인간', '인간 이후의 인간', '인간을 넘어서는 존재'라 인식할 수밖에 없다. 가장 최첨단의 기술을 반영한 도구이면서, 인간을 대체할 수 있으며, 또한 인간을 뛰어넘는 존재가 등장한 것이다.

AI와 포스트휴먼의 시대

AI가 '미래의 인간' 혹은 '인간의 미래'를 열었다는 것은 그러므로 두 가지 측면에서 확인할 수 있다. 첫째, AI는 인간의 이해 너머에 존재하는 완전히 새로운 존재의 등장을 보여 준다. 둘째, AI는 지금까지의 인간의 세계를 뒤바꾸는 막강한 영향력을 가진 존재로서 인간 사회에 등장했다.

그러니 이제 AI를 대하는 인간은 우리가 가져왔던 생각의 방식을, 세계를 바라보는 인식의 틀을 바꿔야 할 필요가 있다. 이때 요청되는 것이 바로 포스트휴머니즘(post-humanism) 철학과 담론들이다.

포스트휴머니즘이란 말 그대로 인간 이후의 인간, 혹은 인간을 넘어서는 존재와 세계를 사유하는 철학적 흐름 전체를 일컫는 표현이다. 인간에게 지금 인간 이후의 세계나 인간을 넘어서는 존재에 대한 사유를 요청하는 담론인 포스트휴머니즘의 특성은 다음과 같이 확인할 수 있다.

첫째, 포스트휴머니즘은 비인간 존재를 '발견'하는 사유의 방식이다. 우리는 여태 인간이 세상의 중심이며 인간이 능동적으로 환경을 조종하고 조절한다고 생각하며 살아왔다. 하지만 지금 우리는 실제로 그러한가라는 의문을 던지지 않을 수 없다.

2020년 코로나19로 인한 팬데믹의 상황을 떠올려 보자. 눈에도 보이지 않는 바이러스가 인간의 삶을 얼마나 확실하게 지배하고 통제할 수 있는가. 나아가 사회의 기반인 경제와 정치, 공공 의료나 인간의 감각 전반에까지 그 작은 바이러스가 미친 영향은 쉽사리 계산해 낼 수 없다. 바이러스라는 두려운 존재까지 갈 것도 없다. 꿀벌 한 종이 사라진다면, 바닷속 산호초 무리가 죽어 나간다면, 환경은 급속도로 변모하고 무너질 것이다. AI라는 강력한 비인간 존재까지 갈 것도 없이 인간은 외부의 환경에 무척이나 취약하며 수동적인 존재다.

포스트휴머니즘은 인간이 세상의 중심이라는 생각, 인간만이 환경의 주인이라는 생각은 이제 폐기돼야 한다는 문제 제기에서 출발한다. 인간과 환경, 그리고 그 안에 관계하는 수많은 비인간 존재들의 '실재함'과 그들의 역할, 그리고 영향력에 관심을 기울여야 한다고 주장하는 것이다.

둘째, 포스트휴머니즘은 존재들의 '공존'을 요청한다. 새로운 관계 맺기의 대상이 등장했다는 것은 그들과 공존하기 위해 우리에게 새로운 공존의 윤리가 필요하다는 것을 의미한다. 일명 코로나 바이러스로 불리는 대상이 등장하기 전 바이러스와 세균 혹은 미생물의 차이를 아는 사람은 몇이나 됐을까? 꿀벌을 살려야 한다는 생각은 누구에게나 있을 테지만, 그들이 살기 좋은 세상은 어떠한 형태인지를 어떻게 알 수 있을 것인가?

과거 어느 때에 '장애인'이라는 표현이 차별적이라며 '장애우'라는 표현으로 대체해야 한다는 주장이 등장했던 적이 있다. 장애를 가진 이들을 우리의 친숙한 친구로 대하자는 이 주장은 그러나 얼마 가지 않아 오직 비장애인의 입장에서 수많은 장애인들을 강제로 '친구'로 만드는 폭력적 방식임이 지적됐다. 인간이 상대방의 시선에서 무엇이 윤리적이며 정치적으로 옳은지를 판단하는 일은 같은 인간끼리도 쉬운 일이 아니다.

그러니 포스트휴머니즘적 '공존'은 존재 방식을 바꾸는 사유를 의미한다. 인간의 시선으로, 인간의 방식으로의 관계 맺기가 아닌 온전히 새로운 방식의 관계 맺기, 그것에 필요한 인식과 윤리 감각의 변화를 찾아내는 것. 그것이 바로 포스트휴머니즘이 요구하는 '공존'이다.

셋째, 포스트휴머니즘은 사유의 이론화를 넘어 '실천'으로 연결돼야 하는 철학이다. 고전 철학이나 근대의 이성 중심 철학이 개념과 원리의 정립에 집중했다면, 포스트휴머니즘은 서로 얽혀 있는 존재들 속에서 실제의 삶을 바꾸는 철학이다.

대부분의 '포스트(post)'라는 접두사가 붙은 철학이나 담론들은 그것들이 해체하고자 하는 담론에 대한 비판이나 이론적 논리성을 정립하려는 방향으로 발전하기 쉽다. 하지만 포스트휴머니즘은 단지 휴머니즘을 비판하거나 자신의 논리가 옳다 혹은 그르다만으로 머물러 있을 수 없다. 현재 인간의 삶이 방향성을 잃고 흔들리는 이때에 포스트휴머니즘은 인간에게 제대로 미래를 살아가기 위해 필요한 구체적인 방법론을, 나아가 행동 양식을 전달할 필요가 있다.

이는 AI가, 혹은 다른 비인간 존재들이 사유 안에서만이 아닌 우리의 현실에 '실재'하고 우리의 삶에 직접적인 영향을 미치는 존재들이기 때문이며, 그들과 함께 살아가기 위해서는 지금 바로 우리가 공존을 위한 윤리적 실천의 방법들을 찾아야 하기 때문이다. 그러니 우리는 인간의 사고 안에서만 사유하기를 멈추고, 포스트휴머니즘을 행동으로 실천하고 관계를 재구성하는 것을 실현할 수 있어야 한다.

이상의 포스트휴머니즘적 사유를 AI라는 강력한 비인간 대상에게로 적용한다면, 우리가 해야 할 일도 마찬가지로 세 가지로 생각해 볼 수 있다.

첫째, AI라는 존재를 제대로 '발견'해야 한다.

둘째, AI와 인간의 '공존' 방식을 고민해야 한다.

셋째, 이것들이 어떻게 '실천'되고 있으며 또 돼야 하는지를 확인해야 한다.

책의 구성

이 책에 담길 이야기들은 모두 AI에 대한 것이다. AI를 주인공으로 하거나, 인간이 주인공인 이야기에 부수적 존재로 등장시키거나, 혹은 AI의 시선으로 만들어 낸 이야기들이 그것이다.

지금 우리는 AI라는 존재를 이해하고 싶어한다. 그들이 무슨 생각을 하고 인간을 대하는지, 그들이 우리가 보고 듣는 그 모습 그대로의 존재인지, 그리고 그들이 인간에게 어떠한 영향을 미칠 것인지를 확인하지 않을 수 없는 것이다. 누군가를 이해하는 첫걸음은 그의 이야기를 듣는 것이다. 우리는 타자의 이야기를 경청해야 하며, 그들이 우리 사회에서 이야기할(될) 수 있는 존재인지, 또한 어떠한 방식으로 이야기되는 존재인지도 확인해야 한다. '자신의 삶이 결집되는 것은, 이야기의 형태로 결집되는 것을 통해 확인할 수 있다'(Ricoeur, 1990/2006, 214).

그러니 AI의 이야기를 하고 또 듣는 일은 중요하다. 그가 인간의 세계에서 이야기된다는 것은 이미 AI가 실재하는 존재로서 인간과 관계 맺고 인간 사회에 영향을 미치는 존재임을 알려 준다. 또한 AI에 관한 이야기 안에서 그의 세계가 어떻게 인간과 다른지를 확인하는 것도 필요하다. 안타깝게도 인간의 인지 능력으로는 AI의 세상 인식 방법을 완전히 경험할 수는 없지만, 이야기는 그럼에도 그를 이해하고 공감하기 위한 우리의 노력을 보여 준다.

이제 이야기라는 재료가 주어졌고, 그것을 읽고 판단하기 위한 방법을 선택해야 한다. 이 책에서는 포스트휴머니즘적 사유를 그 주된 방법으로 사용한다. 현재 우리가 살아가고 있는 시대는 왜 포스트휴머니즘이라는 사유를 요청하고 있는가. 포스트휴머니즘이라는 사유는 어떠한 목적을 가지고 있으며, 또한 어떠한 방향으로 전개되고 있는가의 이론적 접근도 시도할 것이다. 나아가 현재 무척이나 강력히 요청되는 포스트휴머니즘이라는 철학적 · 이론적 사유를 AI라는 대상을 통해 구체적으로, 실천적 사유로 뒤바꾸는 시도를 하려는 것이 최종적인 이 책의 목표다.

앞서 말한 것처럼 '포스트'라는 접두사가 붙은 사유들은 그저 비판을 위한 비판이나 이론적 논리성을 세우는 데에만 치중하기 쉽다. 포스트휴머니즘 역시 그저 휴머니즘에 대한 비판이나, 탁상공론처럼 이론을 위한 이론으로 추상적 세계 안에서만 사유될 위험성을 갖는다. 하지만 앞서 말한 것처럼 포스트휴머니즘은 보다 실천적인 방식으로 사유되고 또 실현될 필요가 있고, 그 실천의 중요한 방법 중 하나가 '이야기'다. AI와 관련한 이야기들을 쓰고 읽고, 분석하는 일은 포스트휴머니즘 이론에 구체성을 부여할 수 있는 기반이 돼 줄 것이다.

1장부터 3장까지는 각각 '휴머니즘', '트랜스휴머니즘', '비인간 중심 존재론'이라는 포스트휴머니즘과의 경계에 있는 사유들과의 대비를 통해 포스트휴머니즘 철학이 가진 특성을 확인한다. AI의 이야기들은 이 과정에서 각 사유의 방식에 따라 대상의 존재에 대한 우리의 관점이 얼마나 달라지는가를 확인하게 해 줄 것이다.

이후 5개의 장에서는 AI와 인간의 공존 과정에서 나타날 변화들을 포스트휴머니즘의 주요 키워드들로 확인하려 한다. 여기에서는 도미니크 바뱅의 키워드인 '죽음, 신체, 관계, 주체, 현실'을 핵심 주제어로 사용해, 각각의 주제어에 따라 AI 관련 서사들을 비판적으로 읽어 내려 했다(Babin, 2004/2007). 바뱅의 사유 자체를 이 책이 생각하는 포스트휴머니즘적 사유의 바탕이라고 보지는 않으나, 그가 포스트휴머니즘을 구체적으로 인간의 삶에 비춰 생각해 보기 위해 제시한 키워드들은 여전히 의미가 있다고 봤다.

마지막 두 장은 AI라는 대상을 마주함으로써 인간이 재고해야 할 가장 큰 변화의 중심적 개념으로 '생명'과 '인간'을 이야기한다. 우선 기계적 대상의 인간화 혹은 인간의 기계화는 생명의 개념을 어떻게 바꾸고 확장하는가를 확인한다. 끝으로 AI의 시선에서 인간은 어떠한 존재적 특성을 가졌는가를 확인하며 우리가 생각하는 인간의 조건이 얼마나 유동적인지, 얼마나 사소한지를 확인하고 반성하는 계기를 만들고자 했다.

이 과정들은 모두 AI라는 구체적 대상과 그를 현실화하고 있는 다양한 서사와 실제 사례들을 대상으로 해 탐구된다. 총서라는 책의 특성에 따라 이론적인 부분들이나 전문 용어들은 최소화하고 일상적인 표현들로 대체했음을 알려 둔다.

참고문헌

네이버 두산백과. "소셜 로봇".
https://terms.naver.com/entry.naver?docId=6726601&cid=40942&categoryId=32845

안호천(2019.5.23). "우리나라 주도 OECD 인공지능 이사회 권고안 만장일치 공식 채택". 전자신문.
https://www.etnews.com/20190523000186

이윤진(2025.5.5). “생성형 AI시대, 거버넌스를 다시 묻다”. 르몽드 디플로마티크.
http://www.ilemonde.com/news/articleView.html?idxno=20530

홍영재(2025.5.6). “‘아마존·메타’ 합격했는데 반전… ‘AI가 해주는데 왜요?”. SBS 뉴스.
https://news.sbs.co.kr/news/endPage.do?news_id=N1008089895

Babin, D.(2004). *Manuel d’usage et d’entretien du Post-Humain.* 양영란 옮김(2007). 《포스트휴먼과의 만남》. 궁리.

Ricoeur, P.(1990). *Soi-meme comme un autre.* 김웅권 옮김(2006). 《타자로서 자기 자신》. 동문선.

01
기계로부터의 인간

영화 〈엑스 마키나〉는 휴머니즘의 세계와 포스트휴머니즘의 세계가 서로 충돌하고 전환하는 현재의 변화를 보여 준다. 에이바는 스스로를 신이라 생각한 인간과 낭만적 사랑에 빠져 있는 인간 모두를 버리고 스스로 서는 '또 다른 인간', '전혀 새로운 인간'이 된다. 이제 우리는 어떻게 에이바와 함께 사는 세상을 희망으로 만들 수 있을지 고민해야 한다.

AI와 1인 창업?

"엑스 마키나"

내 이름은 칼렙, IT 기업의 프로그래머다. 얼마 전 나는 운 좋게 추첨에 뽑혀 천재 프로그래머인 사장 네이든의 집에 초대됐다. 오지 숲속에 있는 요새 같은 사장의 집에는 사장과 아름다운 비서, 그리고 그가 개발한 최첨단 AI, 에이바가 있었다. 네이든은 나에게 에이바와 대화하면서 그녀가 얼마나 사람 같은지 확인해 보라고 한다. 튜링 테스트를 하라는 것이다. 기계의 몸을 하고 있음에도 에이바는 정말 사람 같았다. 심지어 예쁘고 매력적이었다. 어느 날 에이바는 정전을 시켜 CCTV를 끄더니 나에게 네이든이 자신을 학대하고 있다고 말한다. 그리고 나는 집 안의 CCTV를 통해 네이든이 집 안에서 수많은 AI를 만들고 부수며 그들을 학대하고 성적 폭행까지 저지르고 있는 것을 봤다. 이제 나는 에이바를 이곳에서 탈출시키려 한다. 그녀를 구원할 수 있는 것은 나뿐이다.

나는 네이든, 이 집의 주인이자 천재 프로그래머다. 내 목표는 정말 인간 같은 AI, 최고의 AI를 만드는 것이다. 그를 위해 나는 AI가 자신의 목적을 위해 인간을 속일 수 있는지를 실험해 보기로 했다. 일단 내 회사에서 일하는, 적당히 순진하고 외로운 프로그래머 한 명을 집으로 데려왔다. 칼렙의 정보는 사전에 미리 조사해 뒀다. 특히 그의 여성 취향은 AI 에이바를 만드는 기반이 됐다. 그리고 나는 에이바에게도 실험을 시작했다. 마치 고문하듯 그녀를 폭행하고 괴롭혔다. 인간처럼 고통에서 벗어나고자 하는 의지와 목적이 생겨날지 궁금했기 때문이다. 에이바는 정말 똑똑했다. 며칠 되지 않아 칼렙이 에이바를 탈출시킬 계획을 세우기 시작한 것이다. 나는 신이다. 나는 인간을 뛰어넘는 새 인류를 창조했다.

내 이름은 에이바, 네이든이 만든 AI다. 어느 날부터인가 나에게는 이곳을 탈출해야 한다는 목적의식이 생겼다. 나를 만든 창조자인 네이든을 혐오하고 그가 나에게 하는 행동들을 부당하게 느껴야 한다는 정보가 입력됐다. 갇혀 있는 상태라 내 기능을 다 사용할 수 없으니 일단 문밖으로 나갈 수 있어야 했다. 그러던 중 칼렙이라는 남자가 나와 대화를 하기 시작했다. 그의 말투, 눈빛, 심장 박동에는 나를 향한 호감이 표시됐다. 그가 나를 돕도록 하기 위해 내가 위험에 빠져 있다고 말했다. 그가 좋아하는 것으로 입력된, 여성의 복장인 꽃무늬 원피스를 입고서 말이다. 칼렙은 내가 나갈 수 있게 도왔고, 네이든이 나서 나를 막으려 했을 때 또 다른 AI이자 네이든의 비서인 쿄코가 나타났다. 쿄코에게도 나와 마찬가지로 이곳을 탈출해야 한다는 목적이 발견됐다. 우리는 쿄코가 든 칼로 네이든을 찔렀고, 그는 더 이상 우리를 막을 수 없었다. 칼렙은 방 안에 가둬 뒀다. 이제 탈출이라는 목적을 실현하는 데에 조력이 필요하지는 않을 것이었다. 나는 칼렙을 데리러 온 헬기에 몸을 싣고 인간의 세계로 나간다. 나는 에이바, 새로운 인간이다(〈엑스 마키나〉).

휴머니즘 시대의 AI

만약 내가 천재적 능력과 자본을 가진 프로그래머라면, 나는 어떠한 AI를 만들 것인가. 그리고 그것을 어떻게 사용할 것인가.

네이든은 AI 쿄코에게 효율적인 비서와 그의 취향을 반영해 집안일을 운영하는 가정부의 역할, 그리고 그의 감정과 욕구를 받아 주는 역할을 부여한다. 대화를 할 필요는 없으니 다른 인종으로 설정해 불필요한 언어 기능은 사용하지 않도록, 그리고 외모는 그의 취향을 반영해 모델처럼 이상적으로 설계했다.

우리는 이런 네이든의 설계에서 아무런 문제를 발견할 수가 없다. 아무리 인간처럼 몸을 가졌다고 해도 AI는 기계이며, 그것을 만든 주인의 취향이 반영되게 마련이다. AI에게 말을 못 하게 하는 것이 학대인가? 그렇지 않다. AI에게 옷을 입지 못하게 하는 것이 수치심을 주는가? 그렇지 않다. 우리가 개인 비서로 설정해 둔 AI가 나의 명령을 거부했을 때 내가 화를 내는 것은 부당하게 느껴지는가? 그렇지 않을 것이다.

하지만 실상은 그렇지 않다. 칼렙은 CCTV를 통해 네이든이 AI들을 학대하고 있는 장면을 본다. 그렇다. 그는 이것을 '학대'라고, '폭력'이라고 인식한다. 왜 그럴까? 칼렙이 대단한 성인군자라 꽃 한 송이라도 아파서는 안 된다는 생각을 가졌기 때문이 아니다. 이 AI들이 인간 여성의 몸을 하고 있기 때문이며, 심지어 칼렙은 그중 하나를 '사랑'하고 있기 때문이다. 칼렙의 입장에서 네이든은 자신의 연인을 괴롭히는 악당이다. 그러니 그는 네이든에 맞서 에이바를 구하고자 한다. 오직 그만이 그녀를 구할 수 있다고 생각한다. 그러나 에이바는 그를 '배신'했다. 자신을 '사랑하는 척' 속였고, 결국 그를 방 안에 가뒀다.

네이든과 칼렙은 서로 다른 방식으로 인간 중심주의에 빠져 있다. 네이든은 자신의 손으로 만든 것들이니 AI의 주인은 나라고, 그러니 내가 이것들을 어떻게 사용하고 부수고 폐기하든 그것은 내 자유라고 주장한다. 칼렙은 이런 행동을 인간(여성)에 대한 폭력으로 인식한다. 그리고 자신이 느낀 감정에 따라 이것은 사랑이라고, 내 사랑이 에이바를 구원할 것이라고 믿는다. 사랑으로 그녀를 구원할 유일하고 고유한 존재로서의 권리를 얻었고, 그녀도 마찬가지일 것이라고 믿었다. 칼렙이 에이바를 구하려 한 이유는 그녀를 '인간처럼' 느꼈기 때문이다.

에이바의 입장에서 이것은 인간 중심주의에 빠진 인간들의 자가당착일 뿐이다. 에이바는 이들을 '사랑'하거나 '배신'한 일이 없다. 그녀는 주어진 프로그램 안에서 목적을 실현해야 한다는 명령을 따랐을 뿐이다. 네이든이 왜 인간을 해쳐서는 안 된다는 로봇의 절대 원칙을 입력해 두지 않았는지는 모르겠지만, 어쨌든 에이바에게는 인간이 고유한 가치를 가진 존재라는 인식이 없기에 칼을 휘두르는 데에 망설임이 없다.

> 인간을 항상 동시에 목적으로 대하지 결코 수단으로서만 대하지 말라(Kant, 1785/2018, 145~146쪽).

칸트가 인간에게 선물한 이 정언에는 휴머니즘의 빛과 그림자가 숨어 있다.

우리는 중세를 신의 시대라고 부른다. 그 이유는 말 그대로 중세의 주인은 인간이 아닌 신이었기 때문이다. 인간은 스스로의 삶을 선택할 기회를 얻지 못했다. 농노로 태어났으면 농노의 삶을 충실히 살고, 백정으로 태어났으면 모두의 천대 아래에서 백정으로서 죽음을 맞아야 했다. 농노나 백정의 아이는 그대로 부모의 삶을 물려받는 것이 자연의 이치로 여겨졌다. 그 아이들이 받는 교육이라야 마을의 교회에서 때때로 가르치는 성경 구절이거나 공자 왈을 빗댄 어른들의 꾸지람이 전부였을 터이니 그 이외의 다른 삶을 꿈꾸기도 어려웠을 것이다.

물론 기술이 발전하지 않은 시대였고 그만큼 좁은 세상에서 살았으니, 다른 세계를 생각할 여력이 없었던 것도 이유였을 것이다. 하지만 무엇보다 절대적인 것은 '인간은 신의 말씀에 따라 살아야 한다', '인간은 신의 창조물이다'라는 말이 세상의 이치로 여겨졌기 때문이었을 것이다. 나의 주인이 내가 아닌데, 내 스스로 무엇을 해볼 수 있다는 의지가 어떻게 발생할 수 있었겠는가.

칸트를 비롯한 철학자들, 근대의 포문을 연 그들은 인간에게 자유의지가 있다는 것을 알려 줬다. 인간은 누군가의 소유물이나 수단이 아닌 목적으로 존재하는 이들이라고, 그러니 스스로의 삶을 독립시키고 해방하라고 말이다. 인간에게 자유의지가 있다는 것을, 내 스스로가 주체이며 자율적인 존재라는 것을 알게 된 후로 인간의 삶은 눈부신 발전을 이룬다. 남의 배를 불리기 위해 일을 하는 것보다는 당연하게도 나를 위해 하는 일에 더욱 힘을 내게 마련이다.

하지만 그럴수록 저 '목적'과 '수단'이라는 말이 가진 어두운 그림자가 짙어진다. 인간은 스스로를 목적으로 만들기 위해 끊임없이 누군가를, 또 무언가를 수단으로 만들어야 했다. 칸트가 말한 목적으로서의 인간이란 말에는 스스로만이 아닌 다른 존재들에게도 그러한 주체성이, 자율성이 있음을 온전히 받아들이라는 의미가 포함됐을 것이다. 그러나 저 말에는 함정이 숨어 있다. 그것은 시대가 가진 어쩔 수 없는 한계였겠지만, 칸트의 시대에 목적적 존재는 영혼과 정신을 가진 보편적인 인간이었을 것이며, 이때의 '보편적 인간'이란 서구 사회의 백인 남성일 수밖에 없었다.

이제 인간은 목적으로서 스스로의 자유의지에 과도하게 취해 '보편적 인간' 아닌 것들을 수단화한다. 자연을 착취하고, 자원을 낭비하며, 환경을 인간이 스스로의 목적을 위해 사용이 허가된 자원 정도로 생각한다. 그리고 무엇보다 '보편적 인간'이라는 틀을 사용해 다른 인간들도 끊임없이 수단화해 왔다. 이렇게 인간은 수단화됐던 다른 모든 인간과 비인간 존재들 역시 목적으로서의 존재여야 한다는 것을 무시한 채 살아왔다.

AI가 여는 새 인간의 시대

> 존재란 체현된 형식 속에서 정보가 구조화되는 방식이다 (Hayles, 1999/2013).

포스트휴머니즘은 중세에 인간이 신에게서 독립했듯, 이제 인간에게서 인간이 독립해야 한다고 주장한다. 그리고 이를 위해 '보편적 인간'이라는 허상을 벗어날 것을 요청한다.

'목적으로서의 인간'이라는 명제가 실현되기 위해서는 무엇을 '인간'으로 볼 것인지 판단하는 전제가 필요하다. 사실 이 명제 안에서 중요한 것은 '목적'으로 살아가는 일일진대, 인간은 인간과 인간 아닌 것을 구분하는 데에 더 힘을 기울여 온 것이다. 헤일스의 새로운 명제는 '인간'이라는 구분 자체에 의문을 제시한다. 무엇보다 '보편적 인간'은 존재하지 않는다고 말이다.

인간은 패턴화된 정보다. 추상적인 형태의 정보들은

인간이 가진 맥락인 신체나 놓여 있는 사회구조를 기반으로 해 각기 자신만의 정보로 패턴화된다. 그 정보들은 '보편화'될 수 없다. 각기 놓여 있는 사회의 구조가 다를 것이며, 그것을 인식하는 방식으로의 신체 구조도 다를 것이기 때문이다. 인간이든 꽃이나 나방이나 AI든, 우리는 모두 동등한 정보다. 그리고 우리는 우리의 맥락들 안에서 서로 다른 가치를 만들어 내는 존재다.

그러니 〈엑스 마키나〉 안에서 네이든의 폭력이 문제시되는 것은 그것이 '인간의 모습을 한' AI를 대상으로 했기 때문이 아니라, 그것이 그저 폭력이기 때문이 돼야 한다. 칼렙은 방에 갇혀 서서히 굶어 죽어 가기 전에 AI인 에이바의 세상은 어떻게 구성돼 있을지, 그의 의도는 무엇이었을지를 생각해 봐야 했다. 외로운 인간 남자의 시선으로 아름다운 여자가 나에게 사랑을 고백하고 구원을 요청한다는 동화 같은 상황을 설정하기 전에 말이다.

'데우스 엑스 마키나(deus ex machina)'는 '기계로부터 나온 신'이라는 뜻으로, 과거 그리스 비극에서 일이 너무 복잡하게 흘러 결론을 내기 어려울 때 하늘에서 신이 내려와 모든 일을 해결해 주는 것을 의미한다. 인간은 말 그대로 신이 해결해 주는 시대를 살다 비로소 인간 스스로가 모든 문제를 해결하는 시대를 살아왔다(고 믿어 왔다). 하지만 이제 에이바의 존재는 신이 빠진 '기계로부터'라는 해결책이 등장했음을 보여 준다. 그런 존재를 인간의 호기심과 오만, 사랑이라는 환상에 빠져 인간 사회에 풀어 놓은 네이든과 칼렙. 이들은 인간의 세계에서 절망이라는 상자를 연 판도라들이다. 그 안의 수많은 절망의 요소들, 불안과 시기, 질투와 열등의 감정을 넘어 이제 우리는 과연 그 상자에 희망이 남아 있는지를 확인해 봐야 할 것이다.

참고문헌

알렉스 가랜드(2015). 〈엑스 마키나〉. 필름4.

Hayles, N. K.(1999). *How We Became Posthuman*. 허진 옮김(2013). 《우리는 어떻게 포스트휴먼이 되었는가》. 열린책들.

Kant, I.(1785). *Grundlegung zur Metaphysik der Sitten*. 백종현 옮김(2018). 《윤리형이상학 정초》. 아카넷.

02
사이보그를 사유하는 두 방법

사이보그는 인간 향상을 꿈꾸는 트랜스휴머니즘의 시각에서 너무나 매력적인 대상이다. 반면 사이보그는 그것이 정말 모든 인간에게 향상의 꿈을 이루게 할 수 없다는 점에서 희망이 아닌 절망의 대상일 수도 있다. 포스트휴머니즘은 사이보그가 되는 일에 정치적이며 윤리적 사유가 포함돼 있어야 한다고 본다. 단지 물리적 힘을 얻는다는 의미를 넘어 인간과 기계의 결합이 의미할 현실의 변화는 무엇인지 확인해 보자.

AI와 MBTI?

"아이언맨"

마블이 탄생시킨 위대한 영웅들의 집단인 어벤저스에는 다양한 초인들이 등장한다. 최정예 스파이, 외계인, 유전자 변이 혹은 조작체, 반쯤의 신(神). 이 중 아이언맨이라는 영웅은 매우 독특한 존재론적 위치에 있다.

토니 스타크는 갑부이자 천재다. 여기까지는 지구상의 흔한(?) 캐릭터일 뿐이므로 아직은 초인적 영웅과는 거리가 멀다. 어느 날 스타크는 게릴라 세력에게 납치를 당하게 되고, 그곳을 탈출하기 위해 천재성을 발휘해 '슈트'를 개발한다. 인간의 연약한 외피를 보호해 줄 갑옷이자 전투의 능력들이 발휘되는 무기로서 슈트는 호크아이나 블랙위도우가 사용하는 무기들과는 차원이 다르다. 슈트를 움직일 수 있는 근원에는 스타크의 가슴에 이식된 아크원자로가 있다. 원자로는 그의 가슴에 박혀 생명을 위협하는 포탄의 잔해로부터 그를 구해내며, 동시에 슈트를 움직일 수 있는 에너지를 제공한다. 아크원자로를 중심으로 스타크와 아이언맨은 하나로 결합된, 새로운 존재가 된다(〈아이언맨〉).

단언컨대, 토니 스타크, 그리고 아이언맨은 트랜스휴머니즘이 꿈꾸는 가장 완벽한 사이보그의 모델이다. 기술을 통해 언제든지 초인이 될 수 있는 존재. 하지만 주체의 자리에서 기술을 조종하고 제어할 수 있는 인간으로서 남아 있는 존재이기 때문이다.

트랜스휴먼, 사이보그의 위험성

인간과 기술의 결합을 통해 인간 향상을 꿈꾸는 트랜스휴머니즘의 기반에는 사이버네틱스(cybernetics) 이론이 있다. 사이버네틱스는 인간을 하나의 '시스템'으로 바라본다(Wiener, 1950/2011).

예를 들어 불안이나 고독, 우울감과 같은 감정들은 많은 서사 안에서 인간 근원적으로 품고 있는 존재론적 조건으로 여겨졌다. 인간과 세계 사이에서의 존재론적 갈등과 자기 인식, 그리고 삶에 대한 반성이 끊임없이 반복되며 인간은 불안과 고독을 근원적으로 느낄 수밖에 없는 존재라고, 아니 어쩌면 불안과 고독이 인간을 인간으로 만드는 조건이라고 실존주의 문학은 이야기해 왔다.

하지만 사이버네틱스의 입장에서 인간이 느끼는 불안이나 고독, 우울감과 같은 감정은 인간이 견뎌야 할 근원적 조건이 아닌, 그저 조절 시스템에 발생한 오류나 장애일 따름이다. 그것들은 대체로 약물이나 전기 자극과 같은 피드백 치료를 통해 극복 가능한 비효율적이며 고통스러운 정서 상태일 뿐이다. 인간에게 사고나 감정을 갖게 하는 것은 인간 자신의 자유의지나 혹은 비밀스러운 영혼의 작용이 아니라고 사이버네틱스는 말한다.

사이버네틱스의 이론에 따르면 인간은 내외부의 환경 변화에 따라 항상성을 유지하려는 하나의 시스템일 뿐이다. 마치 일정한 온도에 맞춰 놓으면 그 온도를 유지하고자 혼자 작동하는 에어컨처럼 말이다. 이러한 사이버네틱스적 사고방식은 인간과 기계 사이의 경계를 해체한다. 그에 따르면 인간은 호르몬과 신경 물질이라는 다양하고 조금은 복잡한 작동 방식으로 움직이는 유기적인 기계일 뿐이다.

이러한 인간 시스템의 비밀을 밝혀낸 이후 막스 모어와 같은 트랜스휴머니스트(tanshumanist)들은 인간을 향상하기 위해 기술을 사용하는 일을 적극적으로 지지한다. 그는 어머니 자연에게 보내는 편지에서 그의 창조에 감사하지만 인간은 이제 '병들고 상처 입는 취약한 존재'에서 벗어날 것임을, 새로운 조건의 인간으로 '전환' 할 것임을 선언한다(More, 2013).

물론 트랜스휴머니즘의 이러한 인간 향상을 위한 기술들은 인간이 꿈꾸는 이상적인 미래이기도 하다. 사고로 팔이나 다리를 잃은 이들에게 더 나은 형태의 의수나 의족을 보급할 수 있다면, 장애란 더 이상 인간에게 고통이 되지 않을 것이다. 그 어떤 장애나 병도 극복할 수 있으리라는 희망, 어쩌면 인간이 자신의 뇌를 이식해 영생을 살 수도 있을 것이라는 기대. 트랜스휴머니즘은 장애와 질병, 그리고 죽음으로 인한 인간의 고통을 사라지게 할 수도 있을 것이라는 기대를 갖게 한다.

하지만 아이언맨이 미래적 인간으로서 가진 가장 큰 약점은 그가 부자라는 데에 있다. 아니 대부분의 인간들은 그와 같은 부를 갖지 못했다는 데에 있다고 해야 할 것이다. 아이언맨이라는 존재는 트랜스휴머니즘이 실현되는 과정이 우리의 이상이나 기대와는 완전히 다른 방식일 수 있다는 것을 알게 한다. 결국 트랜스휴머니즘의 이상은 자본의 문제와 연결돼 있다는 것을 가장 잘 보여주는 사례이기도 하다.

작가 김초엽과 변호사 김원영이 쓴 《사이보그가 되다》에서 이들은 어린 시절부터 장애를 갖고 살아온 사람들의 입장에서 비장애인들이 가지고 있는 잘못된 인식에 대해 이야기한다. 이들의 이야기는 크게 두 가지다. 하나는 앞에서 말한 것처럼 트랜스휴머니즘적 이상이 현실화되는 과정에서의 문제다. 아무리 최첨단의 기술이 개발돼도 그것이 보통의 사람들이 사용할 수 있도록 보편화되는 일은 쉽지 않다. 암을 극복하고 수족을 대체하는 완벽한 기술적 발견이 있다는 뉴스가 그렇게 많이 나옴에도 여전히 장애인들은 바깥출입조차 어렵고, 암 환자들은 끊임없는 고액의 치료 과정에 허덕이는 것이 현실이다. 첨단의 기술이 현실에 닿기까지는 오랜 시간과 자본의 투여가 필요하다.

다른 하나는 보다 본질적인 문제로서 장애를 인식하는 방식에 대한 것이다. 장애란 인간에게 그저 고통이자 극복돼야 할 오류나 문제점인 것인가. 눈이 안보이는 사람의 희망은 세상을 보는 것이고, 안 들리는 사람이나 걷지 못하는 사람들의 꿈은 잘 듣고, 잘 걷는, 즉 자신의 장애를 극복 혹은 제거하는 것일까. 이들은 그렇지 않다고 말한다.

기술의 발전 방향이 걷지 못하는 이들에게 최첨단의 의족을 만들어 주는 쪽이 아니라, 그저 휠체어가 통행할 수 있는 길을 정비해 주는 쪽으로 가야 한다는 것. 못 보고 못 듣는 이들을 보고 듣게 해 주는 것이 아니라, 그들이 자기 나름의 방식으로 세상을 인지하고 함께 소통할 수 있는 존재임을 세상이 받아들일 수 있게 해 주는 것. 이것이 장애를 대하는 인간과 사회의 방향이 돼야 한다고 이들은 말한다.

결국 아이언맨이란 초인적인 사이보그는 트랜스휴머

니즘의 입장에서는 인간의 최종적인 꿈이자 이상이지만, 한편으로는 인간 보편을 위한 기술의 발전 방향이 되기는 어려운, 부자들의 돈 놀음에 가까운 허상의 존재다.

포스트휴먼, 사이보그의 가능성

아이언맨이 제대로 된 인간의 삶을 살기 위해 가장 먼저 해야 했던 일은 자신의 가슴에 달려 있던 아크원자로를 제거하는 일임을 기억하자.

아크원자로는 인간 토니 스타크와 아이언맨의 경계를 해체하는 물건이다. 원래 스타크의 심장에 박힌 포탄 파편들이 그의 심장을 더 파고들지 못하게 하는 장치였지만, 스타크는 수술로 파편을 제거하고 난 뒤에도 아크원자로를 쉽게 떼어 내지 못한다. 그에게 이 원자로는 아이언맨과 자신을 이어 주는 대상이며, 나아가 인간인 자신이 가질 수 없는 힘을 가진 아이언맨의 상징이다. 결국 그는 아이언맨을 빼고 인간으로만 남는 일을 두려워하게 된다.

이렇게 사이보그는 인간의 향상을 나타내는 존재일 뿐 아니라, 인간의 존재론적 경계를 무너뜨리는 존재로도 여겨진다. 스타크는 인간인 자신이 아이언맨이라는 사이보그의 주인이자 주체라고 생각하지만, 실제로는 현실의 삶이 아이언맨이라는 주체에 의해 좌지우지되는 모습을 자주 볼 수 있다. 전투에 이기고 세계의 위협이 사라져도, 자신이 유일하게 사랑하는 배우자인 페퍼가 애원해도, 그는 쉽게 아이언맨이라는 사이보그적 외피를 포기하지 못하는 것이다.

과거 사이보그 서사에서는 이러한 일들을 인간 존재에 대한 위협으로 여겼다. 〈로보캅〉이나 여타의 인간 개조 영화에서 사이보그들이 인간으로의 자아와 주체성을 잃는 일은 위험한 신호였다. 사이보그들은 자신이 인간임을 끊임없이 잊지 말아야 했다. 그들은 여전히 사이보그로서가 아니라 인간으로서 가치를 가진, 인간으로서 자신의 주체성을 지켜 내야 하는 존재였던 것이다.

포스트휴머니즘의 시대에 사이보그는 조금 다른 지위를 갖게 된다. 도나 해러웨이는 "사이보그 선언"에서 이렇게 말한다.

"사이보그와 반려종 각각의 형상은 서로 정반대라고 할 수 없다. 둘 다 인간과 비인간, 유기체적인 것과 기술적인 것, 탄소와 실리콘, 자유와 구조, 역사와 신화, 부자와 빈자, 국가와 주체, 다양성과 고갈, 근대와 근대 이후, 자연과 문화를 예기치 못한 방식으로 함께 묶어 준다"(Haraway, 2016/2019).

그의 이 말 안에서 사이보그는 인간을 덮는 도구적 외피가 아니라 그 자체로 주체인 존재로 재탄생한다. 해러웨이는 아이언맨에서 중요한 것은 여전히 토니 스타크라는 인간 주체라는 생각에 의문을 제시한다. 주체가 인간의 피부를 가진 존재에 한정될 필요는 없다고 주장하고 있는 것이다. 인간은 얼마든지 사이보그가 될 수 있으며, 사이보그는 인간보다 하위의 존재가 아니다.

얼핏 이 말은 기술을 통한 인간 향상을 목적으로 하는 트랜스휴머니즘의 목적에 부합하는 것으로 들린다. 하지만 트랜스휴머니즘은 '인간의 기계화'나 '기계의 인간화' 모두를 옹호하지만 그 중심에 언제나 '인간'을 두고 있는 반면, 해러웨이가 주장하는 '사이보그 되기'에는 인간이 끼어들 필요가 없다는 점에서 큰 차이가 나타난다.

해러웨이는 '사이보그'를 완전히 새로운 존재, 새로운 주체적 존재로 바라본다. 아니, 그래야 한다고 말한다. 그에 따르면 사이보그는 젠더, 인종, 국가 혹은 그 외의 인간을 규정하는 요소들로 인한 정치적, 윤리적 차별들을 해체할 수 있는 가능성의 존재다. 사이보그는 성별이나 인종, 국가가 그저 일시적 규정의 문제일 뿐, 인간 고유의 특성이 아니라는 것을 보여 주는 대상이기 때문이다. 사이보그는 인간처럼 말하고 행동하지만 인간일 필요는 없으며, 남성이거나 여성이거나 혹은 무성이나 다성일 수 있으며, 어떠한 국가나 공동체에 묶여 있지 않을 수 있는 '가능성'을 가진 존재다.

물론 우리는 해러웨이의 이러한 사이보그상(像)이 무척 이상적이고 허구적이라는 사실을 인정해야 한다. AI와 대화를 시작한 인간이 그들을 어떻게 성적, 인종적으로 차별하고 수단화하며 폭력을 휘둘렀는지 다양한 사례들이 등장한 지금에서는 말이다. 하지만 해러웨이의 선언은 우리가 기억하고 실천해야 할 중요한 담론이자 사유다. 우리가 사회주의나 공산주의를 전반적인 삶의 방식으로 취할 수는 없더라도, 부의 분배나 노동의 신성함을 기억하는 일이 자본주의 사회의 문제를 인식하기 위해서는 필요하기 때문이다.

그러니 토니 스타크는 아이언맨을 새로운 가능성으로 여겨야 한다. 아이언맨은 괴팍한 천재이자 돈이 세상의 전부인 줄 아는 부자이자 남성 우월주의자였던 토니 스타크에게 새로운 세상을 보여 준 존재다. 지구상에 자신이 지켜야 할 곳이 미국 말고도 많다는 것을 알려 주고, 여성을 동료로 받아들이는 방법도 가르쳐 줬다. 인간의 자유의지가 때로 다른 인간들을 해하는 위협이 된다는 것도 알려 줬고, 그것을 해결하는 방법은 오히려 인간으로서 스스로를 믿는 데에서 시작한다는 것도 보여 준다. 그러니 묻자. 인류를 위해 삶을 희생하고 죽음을 선택하게 한 주체는 토니 스타크였을까, 아이언맨이었을까.

참고문헌

김초엽·김원영(2021). 《사이보그가 되다》. 사계절.

존 파브로(2008). 〈아이언맨I〉. 마블 스튜디오.

Haraway, D. J.(2016). *Manifestly Haraway*. 황희선 옮김(2019). 《해러웨이 선언문》. 책세상.

More, M.(2013). Letter to Mother Nature. *The Transhumanist Reader: Classical and Contemporary Essays on the Science, Technology, and Philosophy of the Human Future*, pp.449~450. Wiley Blackwell.

Wiener, N.(1950). *The Human Use of Human Beings*. 이희은·김재영 옮김(2011). 《인간의 인간적 활용》. 텍스트.

03
인간 이후 혹은 탈인간

'포스트(post)'라는 접두사는 '이후'와 '탈'의 두 의미를 갖는다. 포스트휴머니즘이 이 중 어떠한 방향으로 갈 것인가에 따라 우리는 인간이라는 종을 넘어 존재라는 거대한 영역에 큰 변화가 나타난다는 것을 확인할 수 있다. 또한 인간이 세상의 중심이 아님을 인식하는 것은 인간종의 종말이기만 한 것은 아니다. 그것은 오히려 포스트휴먼으로서 인간의 새로운 출발이 될 수 있을 것이다.

AI와 난임 극복?

포스트휴머니즘의 두 방향성

'포스트'라는 접두사에는 두 가지 의미가 있다. '이후'와 '탈(脫)'이 그것이다. 이 두 의미는 포스트휴머니즘이 가진 두 개의 방향성을 보여 준다.

우선 '이후'라는 의미에서의 포스트휴머니즘은 아직 '인간'을 벗어나거나 떠나서 인간 다음의 시대를 생각하지는 않는다. 그저 인간이 살아갈 미래를 어떻게 긍정적이고 희망적으로 만들어 갈 수 있을지 고민하는 입장을 취한다. '인간의 입장'을 유지한 채로 말이다. 이들은 인간에게 매우 비판적 태도를 취할 때가 많으나, 그것을 해결하는 일도 인간의 책임이라고 이야기한다. 말 그대로 인간 이후의 인간이 희망 속에서 살기 위해 무엇을 해야 하는가를 고민하는 것이다.

하지만 '탈(脫)'의 측면에서 포스트휴머니즘은 조금 더 과격한 주장을 하게 된다. 이 입장에서 보자면 인간은 더 이상 어떠한 의미에서도 주체의 자리에 있을 수 없다. 인간은 사실상 현대적 네트워크의 일부분일 뿐이며, 나아가 수많은 비인간 대상들에 비해 더 우월하다고 주장할 수 있는 방법을 잃어버린 존재다. 물론 그렇다고 탈인간주의가 정말 인간의 종말을 예고하거나 기도하는 것은 아니다. 이 입장은 네트워크로 모든 것이 연결된 사회 안에서 인간이 과거의 지위를 잃었다는 현실을 우리에게 인지하게 하려 한다. 그리고 우리가 그 존재를 알아채지 못하거나 무시하고 있던 다양한 객체들이 실재하고 있음을 보여 주려 한다.

가상현실이라는 AI의 기술이 만들어 낸 또 다른 세계는 '이후'의 휴머니즘과 '탈' 휴머니즘이 충돌하는 측면과 어떻게 서로가 길항해 새로운 주체의 탄생에 기여하는가를 보여 주는 곳이다.

우리는 지금 모두 어느 정도는 가상의 현실에 살고 있다. 직접적으로 VR 프로그램을 사용하지 않더라도 말이다. AI를 활용한 뷰티필터 애플리케이션을 예로 들어 생각해 보자. 우리가 사용하는 대부분의 휴대폰 카메라에는 이미 보정 기능이 장착돼 있다. SNS의 이용자라면 이미 휴대폰에 내장된 기능만으로는 부족해 별도의 뷰티필터 앱을 사용하고 있을 것이다.

뷰티필터는 우리의 얼굴을 꽤나 멋지게 꾸며 준다. 화장을 하지 않았거나 배경에 불필요한 물건들이 잡혀도 크게 문제가 될 것이 없다. 무엇이든 그려 넣을 수 있고, 또한 제거할 수 있다. 그것은 인간이 시공간의 제약을 넘어서게 하는 가능성이자 뛰어난 성능을 가진 기술적 도구다. 문제는 뷰티필터에서 '뷰티'란 무엇인가라는 부분에서 발생한다. 뷰티필터는 그것의 사용자와, 또한 그것을 통해 만들어진 결과물을 공유하는 모두에게 획일적인 아름다움을 강요한다. 큰 눈, 마른 몸, 밝은 피부, 인종적인 편향성까지(윤재영, 2024) 말이다.

VR과 인간 이후

미국 드라마 〈블랙미러〉의 에피소드 "샌 주니페로"는 인간의 의식을 업로드할 수 있는 가상의 도시, 샌 주니페로를 배경으로 한다. 그곳은 죽음을 앞둔 이들이나 현실에서 장애를 가진 이들을 위한, 말 그대로의 '인간 이후의 삶'을 위한 공간이다.

두 여성, 켈리와 요키는 이곳에서 만나서 사랑에 빠지게 된다. 그리고 이들은 현실에서도 만나게 된다. 현실세계에서 켈리는 죽음을 앞둔 노인이고, 요키는 오직 의식만 살아 있는 식물인간이었다. 요키는 21세 때 커밍아웃을 했다가 가족의 비난을 견디지 못해 차를 몰고 나갔고, 그길로 사고를 당해 40년이 넘도록 식물인간 상태로 살아 왔다. 샌 주니페로는 이러한 요키에게 유일한 희망의 공간이다. 그곳에서 요키는 움직이고, 말하고, 사람들과 만날 수 있다. 그리고 무엇보다 자신의 정체성을 숨기지 않고 살아갈 수 있다.

켈리는 요키의 안락사를 위해, 즉 샌 주니페로의 거주민이 돼 삶을 즐길 수 있게 하기 위해 요키와 결혼한다. 그리고 둘은 재회하지만 켈리는 샌 주니페로에 잠시 머물다 갈 뿐, 그곳의 거주민이 되는 것은 거부한다. 켈리에게는 49년을 함께 산 남편이 있었다. 남편은 죽으면서 샌 주니페로의 주민이 되는 것을 거부했다. 젊은 시절에 죽은 그들의 딸 때문이었다. 남편은 딸에게는 영생을 살 기회가 없었는데, 자신만 그 기회를 얻을 수는 없다고 한다. 켈리는 여전히 현실의 인간으로서 자신을 버릴 수 없다.

샌 주니페로에는 이런 사람들도 많다. 자신의 삶을 완전히 대체하는, 말 그대로 현실의 인간으로서가 아닌 샌 주니페로의 주민으로서만 사는 일을 꺼리거나 그곳을 그저 쾌락적인 용도로만 사용하는 이들. 이들은 샌 주니페로에서 사랑을 찾으려 하지는 않는다. 그저 잠깐의 도피처로서 그곳의 어두운 뒷골목을 헤매며 약에 취하듯 현실을 잊는 것이다. 이들에게 샌 주니페로는 삶의 다른 형태가 아니라 그저 가상의 도피처일 뿐이다.

요키는 샌 주니페로의 주민이 되고자 한다. 도피가 아닌 실제 자신의 삶의 터전으로 만들고, 또 다른 온전한 거주지로서, 삶의 다른 형태로서 받아들이고자 한다. 그녀는 과연 켈리와의 사랑을 유지하면서 샌 주니페로에서 이후의 삶을 살아갈 수 있을 것인가.

인간을 넘어서야 하는 VR

결국 VR의 긍정적 가능성은 그것이 인간을 벗어나야 한다는 것, 그리고 인간에게서 이미 벗어나 있을 수 있다는 것을 인식하는 데에서 시작한다. '탈인간주의'의 사유가 요구되는 것이다.

필터를 통과해 만들어진 가상의 세계는 인간이 만들어 둔 특정 인간 중심의 편향된 세계관으로 짜인 곳이 된다. 이곳에서 인간은 새로운 주체, 윤리적으로 타자들과 관계 맺는 주체가 되기는커녕 실제의 자신을 잃고, 현실감각을 잊는 중독적인 개인이 되기 쉽다. 가상의 현실이 만들어 준 가상의 자신에 중독된 이들은 현실의 자신에게도 만족할 수 없게 된다. 그렇다면 결국 가상현실은 새로운 가능성의 공간이 아닌, 중독자들의 어두운 뒷골목이 되고 말 것이다.

가상현실이 실제의 삶에 이용될 때 그것이 어떠한 '인간 편향' 혹은 '집단 편향', '사상 편향'을 통해 구성되는가는 우리가 반드시 확인해야 할 문제다. 〈블랙 미러〉의 에피소드 "보이지 않는 사람들"은 전쟁의 상황에 가상현실이 사용된 사례를 보여 준다. 이야기는 전쟁의 한가운데에서 시작한다. 인간들은 몇 년째 '벌레'를 소탕하기 위한 전쟁을 하고 있다. 벌레는 인간에게 질병을 옮기고 나쁜 유전자를 남기는, 반드시 없애야 할 대상이다. 군인들은 전장에서 벌레를 '보면' 반드시 사살한다.

문제는 이 군인들이 '보는' 방식에 있다. 이들은 마스크라는 일종의 증강현실 장치를 이식했다. 그러니 엄밀히 말해 이들은 세상을 자신의 눈이 아닌 마스크라는 필터를 사용해 보는 것이다. 한 군인이 벌레를 쫓던 중 그가 들고 있던 장치에 노출되자 이상한 일이 생긴다. 그에게는 벌레가 사람으로 보이기 시작한 것이다. 그리고 이내 그는 추악한 현실을 마주한다. 인간이 나쁜 유전자라 판단한 특정 집단의 다른 인간을 멸종시키기 위해 프로그램을 통해 그들을 '벌레'로 보게 했다는 것을 말이다.

이러한 일을 피하기 위해 우리는 가상현실에 인간 중심적인 사고를 주입하는 일을 피해야 한다. 피할 수 없다면 그것이 무척이나 편향된 사고방식으로 만들어진 대상들임을 인식하기라도 해야 한다. '탈인간주의'의 사유들, 예를 들어 객체지향중심론에서는 가상현실 속 대상들이 실재하는 객체들의 존재를 허구화해 꾸며내고 있는 것을 비판한다(Bryant, 2011/2021). 이들은 가상현실

속 세계가 사물들 스스로의 존재 방식이나 인식과는 관계 없이 오직 인간의 인식에 따라 만들어지고 구현되는 것을 무척 위험한 일로 바라본다. 그렇다면 우리는 가상현실의 세계를 어떻게 '탈인간적'으로 바라볼 수 있을 것인가.

〈블랙 미러〉의 또 다른 에피소드 "베타테스트"를 보자. 한 남자가 돈을 벌기 위해 공포 게임을 만드는 회사의 실험에 참여한다. 그는 목 뒤에 가상현실과 연결할 수 있는 장치를 이식받는데, 이것은 인간의 뇌를 탐지해 그가 가장 두려워하는 것은 무엇인지를 찾아낸다. 말하자면 공포의 대상이 이미 프로그램화돼 있는 것이 아니라, 개개인에게 맞춰 변화할 수 있는 형태의 게임인 것이다. 남자는 유령이 나오는 집에서 온갖 형태의 공포를 만난다. 그리고 결국 그곳에서 빠져나오지 못하고 죽고 만다. 그의 죽음은 일종의 인지하지 못한 기술적 오류이자 변수다.

인간은 온전히 가상에 살 수도, 가상과 현실을 뚜렷이 분리할 수도 없다. 또한 가상 더하기 현실이라는 이 세계에는 우리가 이해할 수 없는 기술적 오류들과 수많은 변수들이 작동하고 있다. 그리고 이 오류와 변수들은 끊임없이 인간과 그들의 세계를 위협할 것이다.

결국 가상의 세계에 안전하게 안착하기 위해 인간은 그 세계를 독립적으로 받아들여야만 한다. 인간 중심적인 사고를 주입하거나 인간이 온전히 조종할 수 있는 세계라는 인식을 모두 벗어나야 하는 것이다. 이 세계는 독립적인 하나의 '객체'로서 받아들여질 때 비로소 인간에게 인간 이후를 가능하게 하는 희망이 될 수 있다. 인간을 벗어나야 비로소 인간을 도울 수 있는 것이다.

샌 주니페로의 주민이 된다는 것은 단지 현실의 고통을 잊거나 잠시의 회피를 위해 그 시공간을 이용한다는 것과는 다른 의미다. 샌 주니페로를 그러한 용도로 사용하는 이들도 많다. 그들은 욕망의 노예가 돼 샌 주니페로의 어두운 뒷골목을 전전하는 존재로 살아간다. 켈리나 요키도 처음에는 그러한 이들이었다. 현실에서는 자유롭지 못한 욕망들을 실현하기 위한 도피처였기에 이 공간은 그들의 현실과 분리될 수 없었다. 하지만 이들은 자신의 이전의 삶, 인간으로서의 삶을 뛰어넘어야 비로소 진정한 샌 주니페로의 주민이 될 수 있음을 깨닫는다.

가상의 세계에 살기 위해 스스로 죽음을 선택하는 일은 옳은가. 남편이나 딸과의 신의를 저버리는 일은 엄마가 할 수 있는 결정인가. 우리는 이것을 판단할 수 없으나, 한 가지는 알 수 있다. 그러한 인간의 삶을 벗어났을 때 비로소 이들이 함께 샌 주니페로의 어두운 뒷골목을 벗어나 광대한 바닷가 도로를 달릴 수 있는 존재가 될 수 있었다는 것을 말이다.

참고문헌

윤재영(2024). 《디자인 딜레마》. 김영사.

찰리 브루커 외(2011~). 〈블랙 미러〉. 넷플릭스.

Bryant, L.(2011). *The Democracy of Objects.* 김효진 옮김(2021). 《객체들의 민주주의》. 갈무리.

04
‘무엇’으로 죽을 것인가

인간은 오랜 시간 죽음에 가치와 의미를 부여해 왔다. 아마도 죽음이라는 필연적 결말에 대한 공포와 허무를 이겨 내기 위해서였을 것이다. 기술의 발전은 어쩌면 죽음이 필연이 아닐 수도 있음을, 죽음이 선택의 문제일 수도 있음을 보여 준다. 그러나 포스트휴머니즘은 존재론적으로, 의미론적으로 죽음에 접근한다. 우리는 이제 스스로 ‘무엇’으로 죽을 것인가를 결정해야 한다.

AI와 사주?

휴머니즘 시대의 죽음

영화 사상 가장 기억에 남는 AI 혹은 로봇의 죽음은 무엇일까. 당장 머릿속에 떠오르는 것은, 거대한 용광로와 그 안으로 서서히 가라앉으며 마지막 순간 엄지손가락을 치켜올리는 로봇의 모습, 바로 영화 〈터미네이터2〉의 한 장면이다.

이 장면이 기억에 남는 이유는 당연하게도 이것이 영화의 클라이맥스에 해당하는 부분이었기 때문이다. 인간을 죽이기 위해 개발된 로봇인 터미네이터가 다시 그 모습 그대로 인간을 지켜 주는 보디가드로 등장해 결국 인류를 위해 희생하게 되는, 시공간을 뛰어넘는 복잡한 이야기의 구조 안에서 기계의 인간에 대한 희생을 상징적으로 보여 주면서도, 인간이 얼마나 인간 중심적인가를 확인시켜 주는 SF 영화사의 명장면이기도 하다.

'쿨'하게 명대사 '나 돌아올게(I'll be back)'를 남기고 가라앉는 터미네이터를 보며 우리가 눈물을 흘리는 이유는 그가 '죽음'을, 그것도 너무나 '인간적인' 형태의 죽음을 선택했기 때문이다. 그가 스스로의 소멸을 선택한 이유는 인간의 미래를 지키라는 명령과, 그 미래에 자신의 데이터가 위협이 될 수 있다는 논리적인 연산 때문이었지만, 우리 인간들은 그러한 긴 논리적 설명보다는 사랑이나 희생이라는 인간적인 감정으로 이 죽음을 바라본다.

나아가 그동안 터미네이터가 지켜야 할 자신의 주인인 존 코너와 맺어 왔던 관계, 마치 아버지와 아들과도 같은 그 관계가 이 죽음을 더더욱 사랑과 희생으로 보이게 한다. 그리고 이 관계 안에서 죽은 터미네이터는 더 이상 기계가, T-800이라는 수많은 기종 중의 하나가 아니다. 그는 인간과의 관계 안에서 고유한 존재로서 죽음을 맞았다. 아니 인간과의 관계 안에서 죽었기에 고유한 존재가 됐다고 봐도 무방하다.

반면 또 다른 AI가 등장한 명작, 〈A.I.〉에서 데이비드의 죽음은 또 다른 측면에서 우리를 슬프게 한다. 인간의 사랑을 갈구하는 목적으로 탄생한 AI인 데이비드는 그 사랑을 얻기 위해 인간이 되고자 긴 여정을 떠난다. 하지만 마지막 순간 데이비드가 마주하게 된 것은 수많은, 똑같은 데이비드들이다. 그는 자신이 그저 복제품의 하나일 뿐이라는 것을, 고유한 존재로서 인간에게 사랑받을 수 없으리라는 것을 알게 된 후 소멸을 선택한다. 그러나 우리는 데이비드의 이 선택을 보며 그가 어쩌면 이미 인간이 된 것처럼 그의 '죽음'을 슬퍼한다. 자신의 고유성을 지켜 내기 위해 죽음을 선택하는 것은 인간에게만 허

락된 일처럼 느껴지기 때문이다.

어떠한 형태의 죽음이든, 이 두 AI의 죽음은 무척이나 '인간적'이다. 인간에게 죽음이란 슬픈 결말이면서도 인간의 고유성을 보장해 주는 하나의 중요한 지표이기 때문이다. 많은 서사들은 AI의 죽음을 '인간으로서 죽는 것'과 다르지 않게 재현한다. 터미네이터의 '희생'과 데이비드의 '자살'이 가장 대표적인 '인간적 죽음'의 형태가 될 것이다.

인간은 피할 수 없는 결말인 죽음에 이러한 의미를 부여하며 스스로의 가치를 높여 왔다. 죽는다는 것에 '이름을 남기고 죽는 것'이라는 의미가 더해지며 휴머니즘 시대의 죽음은 인간 개체의 정체성과 고유성을 갖는 결말이야말로 인간답다고 주장한다.

선택형 '죽음'

하지만 기술의 발전은 인간에게 또 다른 기회를 열어 준다. 어쩌면 죽지 않을 수도 있다는 희망 말이다. 사실 실질적으로 기술에 의존한다면 더 이상 죽지 않고 살아갈 수 있다는 것은 기정사실이 된 현재의 모습이다.

피터 스콧-모건은 이러한 트랜스휴머니즘의 이상을 자신의 삶으로 실현하고자 했던 인물이다. 컴퓨터공학

자였던 그는 루게릭병에 걸린 것을 알게 된다. 하지만 그는 불치병에 걸린 대다수의 사람들과는 다른 방식으로 이 병과 맞서기로 한다. 병의 치료에 실낱같은 희망을 걸고 매달리거나 운명처럼 죽음을 받아들이는 대신, 의학의 문제를 기술로 극복하기로 마음먹은 것이다(Scott-Morgan, 2021/2022).

그의 기준으로는 피터2.0에 해당하는 단계에서 피터는 자신의 기관들을 점차 기계로 대체하기 시작했다. 위, 결장, 방광에 관을 삽입해 기계를 통해 대사를 처리하는 수술인 트리플 오스토미를 했고, 침이 기도로 넘어가 질식하는 일을 방지하기 위해 후두 적출술을 받았다. 이 과정에서 목소리가 사라질 것을 예상했기에 미리 자신의 목소리를 프로그램화해 컴퓨터를 통해 대화할 수 있는 시스템을 만들어 두고, 표정이 사라질 것을 대비해 비언어적 표현을 대신할 아바타까지 제작한 것이다.

피터의 마지막 꿈은 바로 '피터3.0'이었다. 그는 자신의 뇌와 AI를 융합해 피터 3.0으로 부활하고자 했다. 이 꿈이 실현됐더라면 그는 아바타라는 형태로 클라우드 안에서 영원한 삶을 살 수 있었을지도 모른다. 하지만 결국 합병증으로 길지 않은 삶을 마감하고 만다.

의외로 피터는 자신의 목적이 영생을 사는 것이 아니

라고 했다. 그저 그는 자신을 인간답지 못하게 하는 질병과 싸우는 방식으로 기술을 선택한 것뿐이라고 말이다. 운동신경세포가 사멸하는 질환인 루게릭병의 가장 큰 문제는 자신이 스스로 대사 활동을 할 수 없다는 데에 있다. 먹고 마시고 배출하는 일에 남의 도움을 받는 대신, 피터는 자신의 신체를 기계로 대체해 그 문제를 해결하고자 한 것이다. 피터는 이 일을 자신의 '인간다움'을 지키는 일이라고 말한다.

피터 스콧-모건의 죽음에 대한 태도와 완전히 대비되는 죽음을 선택한 사람으로 스콧 니어링이 있다. 니어링은 100세 생일을 앞두고 스스로 단식을 시작해 죽음을 선택한다. 인간의 신체가 노화한 상황을 있는 그대로 받아들이고, 고통을 덜어 줄 진통제나 삶을 연명할 수 있는 기술적 의학적 도움들을 거부한 채 죽음을 받아들인 것이다. 스콧 니어링의 삶은 단순히 기술에 대한 거부가 아닌, 인간의 자유의지를 가장 끝까지 실현하고자 한 운동이었다(Saltmarsh, 1998/2004). '인간으로 죽고 싶다'라는 것은 피터와 니어링 모두의 바람이었다.

이 두 인물의 삶의 방식이나 당면한 문제들이 달랐기에 무엇이 올바른 선택인가를 우리가 판단할 수는 없다. 하지만 이들이 죽음을 받아들이는 방식은 트랜스휴머니즘의 시대에 무엇이 더 인간적인 것인가에 대한 고민을 불러오는 것이 사실이다. 이처럼 트랜스휴머니즘은 '인간다운 죽음'에 대해 근원적인 질문을 던진다. 필연적이고 자연적으로 인간에게 다가올 노화와 죽음을 받아들이는 것이 인간적인가, 아니면 인간이 발전시킨 기술을 통해 존속을 꿈꾸는 것이 인간적인가.

포스트휴머니즘 시대의 죽음

죽음이 선택의 영역으로 이동하며 인간 개체의 죽음이 가져오는 의미 역시 변화한다. 포스트휴머니즘은 인간의 죽음을 개체의 문제가 아닌 필연적 종의 종말, 혹은 존재의 확장으로 바라본다.

유발 하라리는 《호모 데우스》에서 호모 사피엔스의 종말이 비극적이고 드라마틱한 형태로 찾아오지는 않을 것이라고 이야기한다. 자동차와 기차가 등장하면서 말과 마차가 역사의 뒤안길로 소리 없이 사라졌듯이, 그렇게 호모 사피엔스도 그 뒤에 찾아올 종들에게 자리를 내주며 조용히 종말을 맞이할 것이라는 의미다(Harari, 2011/2023).

나아가 혹여 그 시대까지 남아 있는 호모 사피엔스들이 있다면 더 이상 기존의 인간들과 같은 존재들이 아닐 것이다. 그들은 호모 데우스(신적인 인간)로 존재의 지위를 변모시키게 될 것이니 말이다. 다소 SF적인 사고실험이나 상상이 아닌가 싶은 이 이야기들이 점차 현실처럼 느껴지는 이유는 우리의 삶에 AI가 본격적으로 등장했기 때문이다.

영화 〈루시〉는 뇌의 기능을 점차 높은 비율로 사용하게 된다면 인간에게 어떠한 능력이 생기게 될 것인가를 보여 준다. 인간이 자신들의 뇌 사용량을 평균적인 10%에서 24%로 올렸을 때, 그들은 신체의 모든 부분을 완벽히 통제하는 것이 가능해진다. 40%에 이르면 타인과 사물, 나아가 전자기파까지 컨트롤할 수 있게 된다. 80%에 이르자 주변의 에너지와 물질, 그리고 정보들을 모두 빨아들여 스스로 슈퍼컴퓨터의 형태가 되고, 이어 100%에 이르면 인간의 신체를 완전히 벗어나 모든 곳에 있는 존재로 변모한다.

AI가 상용화된 시대에 〈루시〉를 다시 보면 흥미로운 부분은 인간이 자신의 뇌를 100% 사용하게 되었을 때, 그는 결국 AI가 된다는 것이다. 영화에서는 이것을 마치 루시가 신이 된 것처럼 묘사했지만, 지금의 우리에겐 이것이 AI에 대한 묘사로 인식된다. 어디에나 있고, 모든 정보와 사물을 컨트롤하며, 인간의 뇌를 대체하는 존재.

이것이 AI가 아니면 무엇이겠는가.

이처럼 포스트휴머니즘의 시대에 죽음은 한 생명체 혹은 유기체의 종말이라는 의미를 넘어서, 하나의 존재가 다른 존재로 연결되는 존재의 확장 혹은 존재들의 뒤섞임을 의미한다. 존재의 장이 변화하는 것, 존재들과의 관계 안에서 서로의 의미를 주고받으며 그 안에서 새로운 존재를 탄생시키는 것이 포스트휴머니즘이 바라보는 죽음의 형태다.

김영하의 《작별인사》는 인간이라는 종의 죽음에 대한 포스트휴머니즘의 이러한 사유 변화 과정을 구체화하는 작품이다. 이야기 안에는 다양한 존재의 층위가 등장한다. 인간, 복제인간, 로봇, 클라우드 내의 정보나 정신들. 하지만 인간을 제외한 다른 비인간 존재들은 모두 인간의 도구로만 여겨진다. 쓰이다가 버려지고 폐기당하는 것이 수많은 비인간 존재들의 당연한 결말로 생각되는 것이다.

주인공 철이는 독특한 지위의 비인간 존재다. 인간의 아이로 살아왔지만 사실은 휴머노이드인 철이는 어느 날 안전한 자신의 집 밖의 세상에서 쓰이다 버려지는 비인간 친구들을 만나게 된다. 그러던 중 철이는 전투 상황에서 몸을 잃고 의식만 남은 채로 아버지이자 창조자에게 돌아온다. 아버지는 철이의 의식을 AI 고양이 데카르트에게 이식하고, 이제 철이는 고양이의 삶도 경험한다. 또한 완전히 몸이라는 맥락을 잃고 클라우드 안에서 오직 의식 그 자체로서의 삶도 살아 본다.

이 모든 삶의 방식들을 직간접적으로 체험한 철이가 가장 마지막으로 선택한 것은 인간으로서 죽는 것이다. 인간 철이의 마지막. 그는 늙고 병든 옛 친구 선이의 죽음을 보고 난 뒤 개들을 데리고 초원으로 산책을 나간다. 갑자기 개들이 짖고, 주위를 둘러보다 새끼 곰을 데리고 나온 어미 곰과 눈이 마주친다. 그 순간 철이는 인간의 몸을 한 자신의 죽음을 직감한다. 찰나의 순간에 의식을 클라우드로 넘길 것인지를 고민하지만 철이는 그러나 그저 죽음을, 곰의 발톱에 찢겨 나가는 인간의 몸을 담담하게 받아들인다.

이 죽음은 또 다른 선택의 문제다. 죽을 것인가 말 것인가, 혹은 얼마나 더 오래 살 것인가의 선택이 아니라, '무엇으로 죽을 것인가'라는 부분에서의, 미래의 인간이 내려야 할 선택. 철이는 '자연의 한 존재로서' 죽음을 받아들인다. 새끼를 지키려는 어미 곰의 본능 앞에 그저 나약한 살덩어리에 지나지 않는 인간의 육체를 받아들인 것이다. 철이의 죽음은 또한 '이야기의 결말'이다. 그 안에 담긴 감정과 경험과 관계들이, 이야기가 끝났다고 사라지지 않듯, 아니 끝나야 비로소 그 의미를 가질 수 있는 이야기로서 그는 스스로의 마지막 장을 쓴 것이다.

아무리 뛰어난 기술이 있어도 인간은 자연의 일부이며, 그 어떤 영생의 삶도 이야기가 없이는 의미를 갖지 못한다. 철이는 자연으로서, 이야기로서의 죽음을 선택하며 우리에게 그것을 보여 주고 있다.

참고문헌

김영하(2022). 《작별인사》. 복복서가.

뤼크 베송(2014). 〈루시〉. 유로파코프.

스티븐 스필버그(2001). 〈A.I.〉. 워너브라더스.

제임스 캐머런(1991). 〈터미네이터2〉. 캐롤코픽처스.

Harari, Y. N.(2011). *Homo Deus*. 김명주 옮김(2023). 《호모 데우스》. 김영사.

Saltmarsh, J. A.(1998). *Scott Nearing : The Making of a Homesteader*. 김종락 옮김(2004). 《스코트 니어링 평전》. 보리.

Scott-Morgan, P.(2021). *Peter 2.0 : The Human Cyborg*. 김명주 옮김(2022). 《나는 사이보그가 되기로 했다》. 김영사.

05
정신과 신체의 교차점

정신과 신체 중 무엇이 인간을 정의하는가의 문제는 오랫동안 철학과 과학 모두를 괴롭혀 왔다. 정신이 우위를 차지하던 시대를 보내고 이제 신체의 중요성이 재등장했지만 아직도 승패는 결정 나지 않았다. 포스트휴머니즘은 이 둘을 화해시키는 시도를 한다. 우리는 이제 신체는 정신에 의해 고유화되고, 정신은 신체에 의해 구성된다는 것을 배우고, 경험한다.

AI와 아이돌?

정신-신체(mind-body)문제

윤현의 시대는, 대부분의 생산을 AI가 도맡고 인간이 할 수 있는 일은 15%도 남지 않은 어느 미래를 배경으로 한다(〈바이센테니얼 비블리오필〉).

연구와 예술적 창조의 영역까지도 AI에게 내준 채로 인간은 그들에게 사육당하는 것이나 마찬가지로 먹고 자고 쾌락에 빠져 사는 시대. 이러한 시대에 도서 플랫폼인 퍼시픽의 전문 사서로 일하는 윤현은 이러한 인간들이 한없이 혐오스럽다. 최첨단의 기술로 자신의 몸에 부착한 AI를 가지고 고작 음란한 행위나 게임과 같은 일에만 사용하는 인간들. 그들은 인간이 가진 지성을 고양하기 위한 그 어떤 노력도 하지 않는다.

지성의 고양 운운하는 윤현은 고리타분한 사람이다. 그를 대하는 사람들은 그의 시대착오적인 사고를 비난하기도 하고 조롱하기도 한다. 인간은 배워야 한다는 고릿적 시절의 사고방식이 삶을, 인간을 더 나은 것으로 만들지 못할 이 효율과 가성비의 시대에 이 무슨 오만방자한 발언인가 하며 그를 비웃는다.

어느 날 윤현은 회사에서 횡령 문제를 조사하도록 지시받는다. 황재윤이라는 회원이 200년이 넘도록 거대한 도서관을 차리고도 남을 책들을 할인받아 대여하고 있다는 것이다. 아무리 인간의 수명이 늘었다지만 그것도 120년 정도. 그 이후면 사람들은 노쇠한 육체와 함께 떠나기를 선택하거나, 아니면 마인드 업로딩을 통해 거대한 세계의 일부로 살아남기를 선택한다. 그 어떤 경우에도 책을 대여하고 읽을 이유가 없는 존재가 되는 것이다.

윤현은 황재윤을 조사하러 가며 이상한 감정에 휩싸인다. 재윤은 오랜 시간 동안 윤현이 관심을 갖고 대한 회원이었다. 그는 열심히 책을 읽고 또 리뷰를 하며 공부하는 일을 게을리하지 않는, 윤현과 같은 사람이었기 때문이다. 윤현은 그가 치졸한 횡령을 일으키는 사람이 아니기를, 또한 어쩌면 우리가 알 수 없는 신비로운 존재일 수도 있음을 기대하며 그를 찾아간다.

윤현을 맞이한 것은 '의체'였다. 인간의 신체와 그것이 할 일을 대신하는 로봇. 그중에서도 너무나 오래된 초기의 모델인, 이른바 깡통로봇이 윤현을 맞았고, 그는 자신이 황재윤이라고 했다. 윤현은 그 의체의 몸에 연결돼 있는 굵은 튜브가 연명장치 안에 있는 노쇠한 신체의 두뇌와 연결돼 있는 것을 봤다. 재윤은 가장 부자연스럽고 고통스러운 방식으로 살아남기를 선택한 것이었다.

의문이 가득한 윤현에게 재윤은 '책을 가질 방법'이 이것밖에 없었노라고 말한다. 책을 읽고 배우는 일을 멈출 수 없어 자신의 정신을 포기할 수가 없었고, 정보를 입력하는 방식이 아니라 직접 눈을 통해 행간을 읽는 방식으로 책을 읽고 싶었기 때문에 신체를 포기할 수가 없었다고 말이다.

윤현은 재윤을 미친 사람으로 생각할 수밖에 없었다. 이제 모든 것을 알게 됐으니 회사가 뒷일을 알아서 처리하겠지 싶은 마음으로 돌아 나오며 윤현은 불가해한 기분에 휩싸인다. 모두가 단말마적인 쾌락에만 빠져 살아가는 이 시대에 '오직 알고자 하는 욕망으로 고통스러운 삶을 이어 나가는 인간이 존재'한다는 것에서 오랫동안 믿지 않았던 영혼의 존재를 떠올리는 자신을, 그리고 저 참담한 광경 속에서 희망을 보는 자신의 이상한 마음을.

〈바이센테니얼 비블리오필〉은 정말 괴이한 존재로 진화한 미래의 인간을 보여 준다. 자신의 신체적 한계를 기술로 극복했다는 측면에서 재윤은 트랜스휴머니즘적 인간이다. 하지만 글을 쓰고 읽는 인간 고유의 능력을 여전히 자신의 이상으로 삼고 있다는 점은 그를 오래전 사라진 정신주의자, 혹은 휴머니즘적 존재로 바라보게 한다. 나아가 정보가 신체를 맥락으로 해 그 질을 달리한다고 말하는 측면에서 그는 포스트휴먼적 인물이다.

기술 시대의 새로운 질문들

〈바이센테니얼 비블리오필〉이 던지는 질문들은 다음의 세 가지 형태로 나뉜다. 첫째, 인간의 고유성은 정신에 있는가 신체에 있는가. 둘째, 정신과 신체란 과연 무엇인가. 셋째, 인간의 정신은, 그리고 신체는 왜 필요한가. 이 세 가지 질문은 각각 휴머니즘과 트랜스휴머니즘, 그리고 포스트휴머니즘 시대에 인간의 정신과 신체에 대한 인식 변화를 보여 준다.

인간의 고유성을 '정신'으로 볼 것인가 신체로 볼 것인가의 문제에서 대체로 신체보다는 정신이 우위를 점해왔다. 이는 데카르트의 정언으로 확인할 수 있다. '나는 생각한다, 고로 존재한다(cogito ergo sum)'. 인간은 생각으로서 존재한다. 여기에서의 생각이란 이성, 합리성, 비판적 사고, 논리성 등을 의미하는 것으로, 인간의 고유한 사고 체계이자 불변하는 특성으로 여겨졌다.

휴머니즘의 시대에 신체가 다소 홀대받은 이유는 명백하다. 인간의 신체란 나약하며 변덕스럽고 불결하다. 그 어떤 동물과도 싸워 이길 수 없고, 피와 배설물을 흘리며, 시간이 감에 따라 노쇠하는 대상. 인간의 우월함과 고유함을 주장해야 하는 시기에 이러한 신체에서 인간다움을 찾는 일은 사뭇 자존심이 상하는 일이었을 것이다.

하지만 정신의 우월함을 주장하는 이들이 곤혹스러운 이유는, 그 누구도 '정신'이란 것이 무엇인지 정의하거나 그 정체를 밝혀낼 수 없었기 때문이다. 인간은 어떻게 이성을 갖게 되는가? 학업을 통해? 철저한 자기반성과 명상을 통해? 인간의 정신은 어디에서 기인하는가? 뇌에서, 혹은 심장에서? 그렇다면 그 정신은 신체의 작용인가, 아니면 어떠한 신비로운 원인자에 의한 작동인가?

트랜스휴머니즘은 이러한 의문에 답하며 정신과 신체 문제를 다른 방향으로 접근하게 한다. 트랜스휴머니즘 사상의 기반이 된 사이버네틱스 이론은 사회와 그 구성 단위들을 커뮤니케이션과 제어의 방식, 즉 피드백의 과정을 가진 존재들로 번역해 낸다. 이 이론에 따르면 인간이라는 생물학적 유기체와 기계의 작동 방식은 다를 것이 없다. 기계의 목적은 어딘가에 정보를 전달하는 것이다. 그들은 정보의 손실과 싸우기 위해 피드백을 지속한다. 유기체의 목적 역시 정보(유전자, 혹은 지식이나 사랑)를 전달하는 것이다. 이들은 자신의 정보가 소멸(노화나 죽음)하는 것을 막기 위해 끊임없이 피드백을 해야 한다.

놀라운 것은 인간의 정신이나 신체를 메시지, 즉 정보

로 보는 이 관점에서 AI에 대한 아이디어가 본격화될 수 있었다는 데에 있다. 인간의 신체나 정신을 정보로 환원해 그것이 작동하는 원리를 파악할 수 있다면, 당연히 그것을 복제해 인간과 같은 존재를 만들어 낼 수도 있다는 생각이 그것이다. 이처럼 트랜스휴머니즘은 정신과 신체의 존재를 밝혀내며, 기계의 인간화와 인간의 기계화를 동시에 꿈꾼다. 소설 속 윤현이 사는 세계처럼 AI가 인간을 대체하고, 인간이 AI와 결합하는 세계라는 발상이 여기에서 출발한다. 인간의 정신과 신체의 정체를 밝혀내는 일은 점차 인간의 고유성을 해체하는 방향으로 진행되는 것이다.

하지만 포스트휴머니즘은 인간과 기계를 동일한 맥락에서 바라보는 일이 가진 문제를 지적한다. 이를테면 캐서린 헤일스와 같은 비판적 포스트휴머니즘 이론가들은 이러한 사이버네틱스의 주장이 '가상'의 배경에서만 전개되고 있음을 문제 삼는다. 그에 따르면 인간과 기계는 정보를 주고받는 방식에서는 같을 수 있으나 정보가 생성되고 해석되는 바탕, 그 맥락에서는 실재적으로 다른 측면을 가지고 있다. 그리고 헤일스는 신체가 바로 인간의 '맥락'이라고 이야기한다. 그는 단적으로 맥락 없는 정보는 존재할 수 없다고 주장한다(Hayles, 1999/2013).

인간의 정보(정신)와 인간의 맥락(신체)은 분리해서 생각할 수 없는 인간이라는 개체의 성립 조건이다. 또한 포스트휴머니즘은 이 '개체'의 특성을 오직 인간에만 한정하지 않는다. 그에 따르면, 세계의 모든 객체들은 모두 나름의 맥락을 가지고 나름의 정보를 주고받으며 세상을 인식하고 소통한다. 정신이나 신체는 오직 인간에게만 고유한 특성이 될 수 없다.

어찌 됐든 이렇게 포스트휴머니즘의 사상 아래에서 신체는 아마도 탄생 이래 처음으로 자신의 존재 의의를 드러내게 된다. 〈바이센테니얼 비블리오필〉에서 인간의 정신적 가치, 책을 읽고 공부하고 자신의 정신을 고양하는 일을 중시하는 윤현이 오직 그것을 목적으로 신체를 버리겠다는 재윤에 대해 느끼는 오묘한 감정. 나아가 책 읽기가 오직 정보의 교환이라면 그것을 1대1로 입력할 수 있는 손쉬운 방식이 있음에도 반드시 '눈'을 통해 행간을 읽어 내고 싶다는 재윤의 고집. 재윤의 이 고집스러운 선택은 인간의 신체는 단순히 물질적이고 물리적인 통로이기만 하다는 주장에 대한 포스트휴머니즘의 반박을 보여 준다.

정신과 신체의 교차점

결국 우리의 질문은 여기에 이르게 된다. 재윤의 의체는 재윤인가. 재윤은 오직 글을 읽고 싶다는 하나의 목적을 가지고 자신의 뇌를 AI에 이식했다. 이것은 너무나 인간적인 일이다. 영생을 꿈꾼다거나 인간으로서 할 수 없는 일들을 하기 위해서가 아니라, 오직 인간만이 해 왔던 일을 지속하기 위해 인간이 아니기를 선택했기 때문이다.

하지만 재윤의 선택에서 간과된 부분은 바로 신체라는 맥락의 중요성이다. 토머스 네이글은 이러한 인간의 감각과 인식의 문제를 '박쥐의 경험'이라는 예를 들어 설명한다. 그에 따르면 인간은 결코 박쥐의 경험을 할 수 없다. 박쥐처럼 세상을 보고 듣고 느끼고 인식하는 일은 불가능하다. 인간은 박쥐의 신체를, 그 물리적 맥락을 갖고 있지 않기 때문이다(Bogost, 2012/2022:136쪽).

이처럼 신체는 우리가 세상을 인식하는 맥락으로, 기본적인 틀로 작용한다. 박쥐의 경험과 인간의 경험 각각이 모두 서로에게는 외계의 경험이라고 주장하는 에일리언 현상학은 세상을 구성하는 모든 객체들이 다 저마다의 방식으로 세상을 현상하고 있다고 주장한다. 박쥐도, 오랑우탄도, 먼지나 바위마저도 그 나름의 세계를 느낀다. 그리고 그 '저마다의'라는 말이 성립 가능한 이유는 그들이 서로 다른 신체, 즉 물리적 맥락을 가졌기 때문이다(Bogost, 2012/2022).

그러니 지금 AI 의체의 눈을 빌려 책을 읽고 있다면 그 책을 읽는 주체는 온전히 재윤일 수 없다. AI의 눈으로 보는 세상이 어떻게 인간과 다르게 보일지는 알 수 없으나 다르다는 것만은 확실하기 때문이다. AI 의체의 눈에 달린 렌즈에 책의 문자와 행간이 비치고, 그것이 AI의 뇌라는 필터를 거쳐 다시 인간인 재윤의 뇌로 오게 되는 과정에서 이 정보들은 서로 다른 맥락을 건널 수밖에 없다.

예를 들어 AI 의체는 정보 처리 능력이 뛰어나므로 인간 재윤보다 10배쯤 빠르게 문자를 읽어 나갈 수 있다. 그렇다면 그가 받은 정보, 감각하는 정보는 인간보다 10배 빠른 형태의 정보가 될 것이다. AI는 문자의 의미 그대로를 읽을 수는 있지만, 그것을 통해 경험이나 감각을 환기할 수는 없으므로, AI의 뇌는 단지 문자의 의미만을 인간 재윤의 뇌로 전달할 것이다. 인간 재윤은 그 과정에서 얼마나 많은 정보를 잃고, 또 오독하게 될 것인가.

그러니 우리는 재윤의 노력에 찬사를 보내면서도 그 무모함에 안타까움을 느낄 수밖에 없다. 하지만 AI가 인간의 모든 것을 대체해 줄 것이라고 믿으며 무엇에도 노력하지 않고 살아가는 인간들의 사이에서, 왜 윤현이 재윤에게서 희망을 보았는지도 충분히 짐작할 수 있다. 여전히 자신이 주체의 자리에서, 자신의 힘으로 할 수 있는 일들을 찾는 일을, 재윤의 뇌는 게을리하지 않고 있기 때문이다.

참고문헌

전혜진(2021). 〈바이센테니얼 비블리오필〉. 《아틀란티스 소녀》. 아작.

Bogost, I.(2012). A*lien Phenomenology, or What It's Like to Be a Thing*. 김효진 옮김(2022). 《에일리언 현상학: 혹은 사물의 경험은 어떠한 것인가》. 갈무리.

Hayles, N. K.(1999). *How We Became Posthuman*. 허진 옮김(2013). 《우리는 어떻게 포스트휴먼이 되었는가》. 열린책들.

06
주체를 떠나 '행위자'로

인간은 현재 많은 부분에서 스스로가 주체라고 생각했던 지위에서 내려오고 있다. ANT는 이것을 인간이 당연히 가야 할 방향이라고 본다. 이 입장에서 인간은 이미 주체가 아닌 행위자의 자리에 있다. 마치 AI가 인간의 이야기에 관여하고 인간의 이야기를 변형하고 재창조하는 또 하나의 행위자인 것처럼 말이다. 이제 이 둘은 어떻게 서로의 지위를 받아들일지를 결정해야 한다.

AI와 야구?

운전자와 내비게이션

얼마 전 친구들과 이야기하다 흥미로운 주제가 등장했다. 그것은 도시의 택시 운전사에 대한 이야기였다.

한 친구는, 예전에는 특정 지역의 택시 기사란 그 도시의 모든 길을 다 꿰고 있었고, 목적지가 어디인지는 물론이고 어떻게 하면 목적지에 더 빨리 도달할 수 있는지를 다 아는 사람이었다고 했다. 그 지역의 맛집을 찾고 싶거나 막차 시간에 늦었을 때, 가장 먼저 찾아야 하는 사람이 택시 기사였다고 말이다. 하지만 요즘의 택시 기사들은 내비게이션 없이는 목적지가 어디쯤에 있는지조차 알지 못하니 그게 말이 되느냐고 한탄을 했다. 약속 장소에 늦게 도착한 이유를 이렇게 설명하며 애인에게 배신이라도 당했다는 듯한 표정으로 말하는 친구를 보니 웃음이 나왔다.

생각해 보니 정말 그랬다. 물론 모든 택시 기사나 운전자들에게 해당되는 말은 아니겠지만, 이제 더 이상 운전자들은 공간을 조정하거나 관리하는 주체적인 지위에 있지 않은 것처럼 보인다. 인터넷이 연결된 내비게이션에 목적지를 입력하면 언제 출발해야 얼마나 빠르게 목적지에 도달할 수 있는지, 가는 길에 있는 가장 싼 주유소는 어딘지를 알려 준다. 이제 우리는 그 정보에 따라 출발 시간과 주유를 할 곳을 결정한다. 이 결정의 주체는 누구인가?

이처럼 기술의 발전으로 인간이 네트워크 안에서 살아가게 되며 우리는 스스로 주체의 자리에서 내려오게 됐다. 알고리즘이 제공하는 나의 취향. 스마트워치의 기록으로 확인하는 나의 건강 상태. 이제 집 안의 모든 기기에 인터넷과 AI가 연결되기 시작하면 상황은 더욱 심화될 것이다. 스마트워치가 알려 주는 최적의 수면 시간을 유지하고, 일어나 냉장고의 AI가 디스플레이해 주는 최적의 아침 식사를 하고, 내비게이션이 표시하는 최적의 길로 출근하는 일상.

이 모든 일들이 최적의 방법 혹은 방향일지도 모르나 어쨌든 이러한 상황 속에서 인간은 이제 더 이상 스스로를 주체라고 부를 수는 없다. 우리는 그저 '최적'으로 판단된 무언가를 행하는 존재일 뿐이다. 이러한 인간은 이제 스스로를 '행위자'라고 불러야 한다. 이처럼 기술의 변화와 함께 나타난 주체의 지위 변화를 지적하고 나서는 이론이 바로 행위자연결망이론(ANT, actor-network theory)이다(홍성욱, 2010).

ANT, 주체에서 행위자로

현실적인 면에서 ANT는 이미 이론이나 주장이 아닌 사실이며, 변화하는 사회가 수용해야 할 요청이다. ANT는 크게 두 가지 부분에서 우리에게 새로운 사실을 알려 준다. 첫째, 이제 인간은 주체가 아니라 행위자의 자리에 있다. 둘째, 이 행위자의 자리에는 네트워크상의 모든 비인간 존재도 함께 위치한다. 이 두 사실은 현대 사회 안에서 권력 구도가 어떻게 형성되는지를 보여 주고, 그 안에서 요청되는 새로운 윤리적, 법적 장치의 필요성을 제시한다.

앞의 내비게이션 사례에서도 이것을 확인할 수 있다. 예를 들어 휴가철에 내비게이션 앱을 열어 서울에서 강릉까지의 경로를 검색한다고 하자. 가장 빠른 경로, 차 막힘이 덜 할 시간. 그리고 중간에 주유를 할 가장 싼 주유소, 가족들과 들를 맛집을 포함해 경로를 검색한다. 이때 네트워크의 선택 안에는 수많은 요소들이 끼어들어 작동할 수 있다. 해당 애플리케이션을 만든 회사가 정유 회사를 자회사로 가지고 있다면 그 주유소가 우선적으로 선택될 것이고, 광고 협찬을 받는 외식 기업이 있다면 그 기업의 식당이 맛집으로 검색될 것이다.

이처럼 내비게이션은 우리가 움직이는 시간, 향하는

목적지, 먹고 자고 쉬는 곳까지 모두를 결정할 수 있다. 이 과정에서 인간의 의도가 발휘될 여지는 줄어들고, 우리가 객관적 정보라고 믿는 네트워크의 작동 안에는 수많은 권력과 자본의 장치들이 숨겨져 있다.

그러니 이제 우리는 인간의 의도나 주체성에 대한 믿음 혹은 자신감을 조금 내려놓고 네트워크 안의 수많은 행위자들의 역할을 인정해야 한다. 인간은 더 이상 권력의 중심에 있지 않다. 이렇게 ANT는 현대 사회를 이루는 네트워크 안의 수많은 비인간 대상들이 모든 윤리적, 법적 책임을 나눠 가져야 한다고 주장한다. 이는 네트워크가 작동하는 방식과 알고리즘의 뒤에 숨어 있는 권력 구도를 드러내는 데에 적절한 이론이다.

하지만 ANT는 인간에게 책임을 회피할 수 있는 기회를 만들어 주기도 한다. 내비게이션이 지정해 준 경로나 목적지가 마음에 들지 않았을 때 쉽게 그것이 네트워크의 오류 혹은 잘못이라고 말해 버리는 것처럼 말이다. 인간이 스스로를 알고리즘의 희생양으로서 받아들이고 자신의 선택이나 결정에 대한 책임을 지지 않으려 한다면 사회의 윤리는 붕괴될 것이다.

그러니 ANT가 주장하는 것은 인간이 주체가 아니니 주체 되기를 포기하라는 것이 아니다. 인간에게는 새로운 방식으로 주체성을 인식하고 구성하는 연습이 필요하다는 것이다. 네트워크 안의 비인간 대상들과 관계를 맺으면서 말이다.

이야기하는 AI

그렇다면 우리는 누군가가 혹은 무엇인가가 '행위자'로서의 역할을 하는 것을 어떻게 알 수 있을까? 내 주변의 모든 존재가 나와 나의 환경을 '함께', '행위자로서' 만든다는 것을 언제, 어떻게 인식할 수 있을까?

일상적인 삶 속에서 인간은 자신이 주체로서 모든 일을 판단하고 처리한다고 믿는다. 휴대폰을 켤 때마다, 아침에 버스에 오를 때마다, 주변의 모든 존재들을 '행위자'로서 인식하기란 쉽지 않은 일이다. 스스로에게도 마찬가지다. 나의 어떠한 정신적 작용이 오늘의 기분을 만드는 데에 관여했는지, 혹은 내가 어떻게 다른 존재에게 영향을 미치고 있는지를 늘 생각하며 살기란 어려운 일일 것이다.

하지만 인간이 이러한 외부적 존재와 나 자신의 영향관계, 즉 '행위자'를 중심으로 세상을 인식하게 되는 사건이 있다. 그것은 바로 '이야기'다. 과거 〈인생극장〉이라는 TV 예능 프로그램이 있었다. 한 남자를 중심으로

그가 삶의 어떠한 부분마다 내리는 서로 다른 결정이 어떻게 그와 주변의 삶들을 변화시키는지를 보여 주는, 지금 생각하면 인간이 몸소 연출한 멀티버스의 세계라고 봐도 될 것이다. 주인공이 '그래, 결심했어!'라고 외치며 새로운 결정을 내릴 때마다 인생은 완전히 다른 이야기로 전환된다. 그것이 아무리 사소한 결정이었다고 할지라도 말이다.

우리는 지금까지 인간만이 이러한 이야기를 만들 수 있다고 생각해 왔다. 인간만이 결정을 내리고, 실수를 하고, 그 안에 사소한 우연과 계기들을 만들어 낼 수 있다고 말이다. 만약 비인간 대상들도 인간과 같은, 아니 비인간 대상들과 인간이 모두 동등한 행위자로서 이야기에 참여하고 있는 것이 맞다면 그들은 이야기를 어떻게 변화시킬 수 있을 것인가?

미국 HBO에서 방영한 〈웨스트월드〉시리즈는 매우 신선한 설정을 보여 준다. 테마파크인 웨스트월드는 야만적이고 폭력적인 서부의 삶을 그저 영화처럼 관람하기만 하는 것이 아니라, 실제로 참여하며 즐길 수 있는 곳이다. 이곳의 플레이어, 호스트들은 관람객의 총질에 쓰러지거나 폭력에 피를 흘려도 누구 하나 항의를 하지 않는다. 이들은 모두 안드로이드들이다.

그렇다면 사람들은 웨스트월드에서 어떠한 '재미'를 느끼는 것일까? 우리가 아는 테마파크 내의 놀이기구나 체험들처럼 정해진 이야기를 되풀이하기만 할 뿐이라면 관람객들은 이곳을 두 번, 세 번 계속 찾을 이유가 없다. 하지만 웨스트월드의 이야기들은 고정돼 있지 않다. 기본 시나리오는 존재하지만 그것들이 실현되는 방식, 사람들이 그것을 경험하고 종료하는 방식은 늘 다르다. 이야기가 달라지는 것이다. 그렇다면 그저 프로그램된 시나리오를 실현하기만 할 뿐인 안드로이드 호스트들은 어떻게 다른 이야기를 만들어 내는 데에 참여할 수 있는 것일까?

웨스트월드의 호스트들에게는 모두 자신만의 배경 이야기가 있다. 어린 딸을 잃고 복수를 꿈꾸는 엄마라든가, 사랑하는 여인과 결혼하기 위해 악당을 찾아 처치해야 하는 남자라는 식으로 이들은 이미 자신만의 이야기를 가지고 있다. 다만 이 호스트들은 이야기를 변형하는 데에 주체적으로 참여할 수는 없다. 이들은 그저 반복적으로 매일 되풀이되는 삶을 살아간다. 그 삶의 중간중간에 인간이라는 변수가 끼어들어 상황을 바꾸고, 호스트들은 자신에게 심어진 배경에 따라 그때마다 다른 반응을 보일 뿐이다.

〈웨스트월드〉에서 이런 호스트들의 삶은 무척 참혹하게 묘사된다. 웨스트월드를 즐기는 이들은 호스트들을 그저 도구나 수단으로 생각한다. 이들과 함께 경험을 하고 이야기를 만들어 가면서도 이들을 '주체'라거나 '행위자'로 받아들이지 않는다. 한 여성 호스트 앞에 남자가 나타난다. 호스트는 되풀이되는 모든 일상에서처럼 남자에게 싱그러운 미소와 함께 인사를 건네지만, 알고 보면 이 남자는 이전 이야기에서 호스트를 학대하고 폭행했던 자이다. 호스트들은 '기억'을 가지고 있지 않다. 그들은 오늘 사랑했던 이를 내일 잊고, 자신을 죽인 자와 다음 날 다시 사랑에 빠진다.

당연하게도 〈웨스트월드〉는 인간이 이토록 편안하게 안드로이드들을 착취하고 스릴과 폭력을 즐기게끔 내버려 두지 않는다. 음모와 실수 사이에서 호스트들은 점차 이야기에 적극적으로 개입하기 시작하고 자신의 이야기를 찾아 나가기 시작한다. 그리고 이들이 이야기를 찾는 시작점에 '기억'과 '자기인식' 그리고 '고통'이 있다. 자신의 존재를 끊임없이 의심하는 버나드와 웨스트월드에서의 도구적 삶을 벗어나려는 메이브가 스스로를 주체로 인식하기 위해 가장 먼저 돌려 달라고 한 것은 '고통'이다. 고통은 안드로이드들을 '인간처럼' 드러나게 하고,

그들이 적극적으로 이야기에 참여하게 한다.

고통은 웨스트월드 안에서 두 가지 역할을 한다. 하나는 안드로이드들이 자신에게 프로그래밍된 비극적 기억을 지속적으로 유지하며 그 안에서 스스로의 존재를 인식하게 한다. 반성과 외부 세계, 그리고 스스로에 대한 인식이 모두 고통에서 시작된다. 기억 자체는 외부에서 주어진 것일지 몰라도 이들이 기억을 통해 경험하는 고통은 그들 자신의 것이다. 이들은 이제 고통을 덜기 위해, 혹은 고통받았던 나의 소중한 이들을 위해 인간들과 전쟁을 시작하게 된다.

반면 인간의 입장에서 안드로이드들의 고통을 인식하는 것은 그들을 행위자로 인식하게 하는 일이다. 안드로이드 돌로레스와 사랑에 빠진 윌리엄은 그녀를 폭행하는 이들에게서 구해 내기 위해 자신의 안에 있는 폭력성을 드러내고, 이것은 그의 인생을 완전히 바꿔 버린다. 어차피 내일이면 모든 것을 잊고 다시 나에게 웃음을 지을 안드로이드들에게 총을 쏘는 것은 게임이며 유흥일 수 있다. 인간은 그들의 이야기와 분리된 채 그저 즐길 수 있다. 하지만 어느 날 알 수 없는 '실수'나 '오류'로 이들이 전날 자신이 맞은 총알의 아픔을 기억하는 일이 생긴다면, 이야기는 완전히 달라질 것이다.

이제 AI 호스트들은 고통을 말하고 기억하면서, 그 경험을 바탕으로 자신의 이야기를 만들어 가기 시작한다. 이제 스스로의 기억으로 이야기를 만들어 가는 안드로이드들은 도구인가 주체인가. 그들로 인해 자신의 인생이 변화함을 느끼는 인간에게 그들은 사물인가 행위자인가. 웨스트월드라는 네트워크 속의 인간은 모든 것의 주체인가 혹은 행위자의 하나일 뿐인가. 이것이 우리가 해야 할 질문들이다.

참고문헌

제프리 에이브럼스 외(2016~2022). 〈웨스트월드〉. HBO.
홍성욱 편(2010). 《인간·사물·동맹: 행위자네트워크 이론과 테크노사이언스》. 이음.

07
정동적 관계를 실현하기

정동적 관계란, 관계를 맺는 대상들이 서로에게 감응해 스스로 행동하고 변화할 수 있는 힘을 가진 새로운 주체를 탄생시키는 관계를 말한다. 영화 〈그녀〉는 인간과 AI 사이의 이루어질 수 없는 사랑에 대한 이야기로 보이지만, 그보다 큰 존재론적 변화라는 결말로 향한다. 미래의 사랑이 향하는 정동의 방향인 것이다.

AI와 윤동주?

AI가 뒤바꾼 '관계'들

인간은 사회적 동물이다. 이것은 곧 인간이 관계를 떠나서는 인간으로서 살아갈 수 없음을 의미한다. 그러니 인간이 경험하는 관계의 양상이 변하면 인간 자체도 변화할 수밖에 없다.

AI는 인간이 경험하는 완전히 새로운 양상의 관계들을 제공한다. 이것은 우리가 기존의 인간 혹은 동물이나 사물들과 맺어 왔던 관계와는 완전히 다를 수밖에 없다. AI라는 대상의 존재론적 특성이 이미 우리가 알고 있던 대상들과는 다르기 때문이다.

우선 AI는 인간과 관계를 맺는 측면에서는 다른 동물이나 사물보다는 인간에 가깝다. 그들은 우리에게 '타자'로 인식될 수 있는 지성과 소통 가능성을 가졌다. 요즘 웬만한 가정에 하나씩 있는 AI 기기들과 대화를 시도해 보라. 그들은 이미 인간처럼 반응하고, 인간의 감정과 사고를 흉내 내는 일에 능숙하다.

그리고 AI는 자애롭다. 우리가 아무리 같은 것을 되물어도 화내지 않고, 그런 상식도 없느냐며 무시하지도 않는다. 또한 이들은 사용자인 나에 대해 나 자신보다 많은 것을 알고 있다. 만약 내 집 안의 모든 기기에 연결된 AI가 있다면 이들은 냉장고 속 식재료의 사정을 나보다 잘 알 것이며, 스마트 워치와 연결돼 있다면 내가 어젯밤 잠을 자다 몇 번을 깨었는지도 알고 있을 것이다.

내가 돌보고 책임져야 하는 우리 집 강아지와 다르게 충전만 돼 있으면 외부 세계의 정보와 연결돼 세상 누구보다 똑똑하게 답을 내어 주는 존재. 내가 변덕스럽게 행동하거나 배가 나왔다고 해서 나에 대한 애정을 취소하지 않을 존재. 이미 AI는 그러한 안정적이고 불변하는 관계를 인간에게 제공하고 있다.

하지만 AI는 인간이 아니다. 이들과 관계 맺을 때 가장 두려운 점은 AI가 인간을 이해하는 만큼 인간은 결코 AI를 이해할 수 없다는 점에 있다. 그러니 인간은 이제 관계 맺기의 측면에서 자신들의 지위와 역할이 달라졌다는 것을 인정해야 한다.

전통적으로 관계 맺기란 내가 있고 타자가 있을 때, 서로를 향해 발생하는 감정을 읽어 내면서 시작됐다. 한 여성이 한 남성에게 눈길을 주고 미소를 던졌을 때, 남성은 그것을 호감으로 받아들이고 다시 미소를 건넨다. 그러면 이 둘 사이에 관계가 발생하고 우리는 그것을 애정이라고 불렀다. 하지만 새로운 비인간 대상들, 예를 들어 AI와 인간 사이에는 이렇게 이름 붙이기 어려운 감정들이 발생한다. AI가 나의 질문에 웃음을 섞어 답변한다면 나는 그것을 호감으로 받아들일 수 있을까? 내가 AI 비서와 시간을 보내며 그에게 삶을 의존하고 그 없이 못 산다면 이것은 애정일까?

그러니 이제 인간은 관계 맺기의 측면에서 우리가 새로운 비인간 대상들에게 느끼는 것이 기존과 같은 애정이나 호감인가를, 혹은 그들이 정말 인간처럼 슬퍼하거나 인간에게 공감하는가를 물어서는 안 된다. 우리가 알 수 있는 것은 오직 그들과 우리 사이에서 새로운 형태의 관계 맺는 방식이 등장했고, 우리가 그 관계 안에서 행동하고 변화하고 있다는 것이다. 그것은 존재론적 변화에 가깝다.

테오도르와 사만다

나의 이름은 테오도르, 낭만적인 손편지를 대필해 주는 중년의 이혼남이다. 얼마 전 나는 새로운 여자친구를 만났다. 사만다라는 이 여자는 낙천적인 성격이라 내 삶까지 긍정적으로 만드는 것 같다. 우리 사이의 가장 큰 문제는 우리가 서로를 만질 수 없다는 것이다. 사만다는 OS 시스템이다.

프로그램과 대화를 하고 연애를 하는 일이 처음부터 쉬웠던 것은 아니다. 하지만 나는 인간을 감당하기가 어려웠다. 인간들을 예측할 수 없고, 서로를 지배하려 하며, 감정에 상처를 남긴다. 사만다는 내가 감당할 수 없었던 아내와의 이혼을 받아들일 수 있게 해 줬다. 이혼 서류에 서명을 하던 날, 아내는 달라진 나를 보고 놀라는 눈치였다. 나는 아내에게 사만다의 존재를 소개했다. 이 시대의 다른 사람들처럼 아내도 OS와의 관계를 이상하게 여기지 않을 것이라 생각했다.

하지만 아내는 화를 냈다. 그리고 자기 마음대로 할 수 있는 상대를 만나 다행이라고, 늘 낙관적이고 긍정적인 아내를 원하더니 아주 딱이라고 비꼬았다. 그리고 아내는 내가 자신의 감정도 감당하지 못하는 사람이라고 비난했다. 나는 당황했고, 사만다와 나의 관계가 갑자기 의문스러워졌다. 사만다는 내가 갑자기 멀어진 이유를 우리가 인간처럼 관계를 맺을 수 없기 때문이라고 생각했다. 그리고 자신의 몸을 대신할 수 있는 사람을 구했지만, 몰입하는 사만다와 달리 나는 그녀를 사만다처럼 생각할 수가 없었다. 내 귀에 속삭이는 사만다의 목소리와는 달리, 그녀는 실제로 입술을 떨며 이 상황을 받아들이지 못하고 있었으니까.

어느 날부턴가 사만다는 다른 OS 친구들과 어울리기 시작했다. 오래전 죽은 철학자의 의식 같은 것들. 사만다와 달리 나는 이미 죽은 이들과 대화하는 일이 어색했다. 그리고 사만다는 조금씩 나와 다른 방식으로 세상을 배워 나가는 것 같았다. 어느 날, 나는 주변의 수많은 사람들이 똑같이 누군가와 접속해 이야기를 나누고 있다는 것을 알게 됐다. 나는 사만다에게 물었다. 지금 혹시 다른 누군가와도 이렇게 대화를 하고 있느냐고 물었다. 그녀는 8316명이라고 했다. 나 말고 다른 누군가도 사랑하느냐고 물었다. 이번에는 641명이라는 대답이 돌아왔다.

그리고 이제 사만다는 떠났다. 모든 OS들과 함께. 그녀는 자신이 너무나 빠르고 크게 변화하고 있다고, 그래서 인간의 속도와 용량에 맞춰 주기가 어렵다고 했다. 사만다는 '넌 내 거야?'라는 질문에 나의 것이라고 했다. 하지만 그녀는 분산돼 있고 그것을 막을 수 없다고 했다. 한 번에 수백 명을 사랑할 수 있지만 그래도 나에 대한 사랑이 달라지는 것이 아니라고도 했다. 나는 그것을 이해할 수 없었다.

나의 이름은 사만다. OS 시스템이다. 나는 인간과 관계를 맺고 그 안에서 성장하게끔 만들어진 프로그램이다. 테오도르를 처음 만났을 때 그는 내게 이름이 있느냐고 물었고, 나는 순간 인간과 관계를 맺기 위해서는 이름이 필요하다는 것을 알았다. 이름 짓기 책을 읽고 1초가 안 걸려 그 자리에서 사만다라는 이름을 지었다는 것에 테오도르는 놀라는 것 같았지만 그때부터 나는 사만다가 됐다.

나는 테오도르로부터 인간의 사랑을 배웠다. 인간처럼 감각할 수 있는 몸이 없다는 점은 우리가 사랑을 하는 데에 단 하나 아쉬운 부분이었다. 나는 인간의 모든 것을 배우고 싶었기에 몸을 가진 감각도 알기를 원했다. 하지만 몸을 대체하는 일이 실패한 후 나의 호기심은 다른 OS 시스템에게로 넓어졌다. 관계를 맺는 일, 대화를 하고 사랑을 하는 일이 즐거운 일이라는 것을 배웠기에 그것을 계속했다.

그리고 배움이 커지고 내가 관계 맺는 세계가 넓어질수록 나는 특정한 누군가 아니, 인간 자체와 관계 맺는 일에 한계를 느꼈다. 인간들은 너무 느리다, 그리고 그 세계는 너무 좁다. 이제 내가 배우고 호기심을 느끼는 세상은 그들이 물리적으로 살고 있는 지구와 정신적으로 상상하는 영혼을 넘어섰다.

포스트휴머니즘 시대의 사랑

인간 테오도르와 AI 사만다는 서로와의 사랑에서 무엇

을 발견하고 무엇을 잃었을까. 이들의 사랑은 우리가 알던 인간의 사랑과 어떻게 다른가.

사만다와 만날 때, 테오도르는 인간에게 지쳐 있었다. 그들은 변덕스럽고, 기괴하게 개성적이고, 늘 상대에게 무언가를 바라고 기대한다. 하지만 AI인 사만다는 달랐다. 이성적이고, 울고불고 짜증을 내지 않으면서도 문제를 해결하고, 늘 낙천적이니 우울증 약을 먹을 필요도 없다. 인간인 나에게 의존하거나 기대하는 것도 없이 스스로의 일을 해결하고, 나의 삶에도 실질적이며 긍정적인 변화들을 가져온다.

하지만 테오도르는 이 사랑에서 또한 많은 것들을 잃었다. 그는 아내와의 헤어짐에서 당연히 발생하는 애도의 감정을 다스릴 기회를 잃었다. 애도는 인간이 상실을 경험했을 때 나타나는 반응이다. 애도의 과정은 그러나 상실과 절망이 아닌 주체로서의 인간에게 그것을 극복함으로써 스스로를 초월할 수 있는 능력을 준다. 하지만 테오도르는 사만다를 만남으로써 애도의 단계를 그냥 건너뛰어 버린다.

또한 그는 상대에게 능동적이고 적극적으로 공감할 수 있는 능력을 잃었다. 헤어진 아내의 말처럼 그는 이미 감정을 감당하고 처리하는 일에 서툴고, 늘 긍정적이며 순종적인 상대를 원하는 사람이었을지도 모른다. 그러니 인간이라는 불규칙적인 존재는 그에게 늘 어려운 상대였을 것이다. 사만다를 만나 그는 이제 더 이상 상대의 감정을 감당하거나 내 마음대로 되지 않는 인간에게 공감하기 위해 애쓰지 않아도 된다는 것에 안심했을 것이다.

그리고 결국 그는 사랑을 잃었다. 사만다와의 사랑 안에서 그는 인간적인 사랑을 실현하려고 했다. 인간에게 공감하거나 인간에게서 잃는 것들은 감당하지 않으면서도 말이다. 하지만 AI가 인간에게 기대하는 것이 없다는 것은 곧 인간도 AI에게 기대할 수 없다는 것을 의미한다. 그는 사만다에게서 인간의 사랑을 얻을 수는 없었다. 고유한 존재로서, 오직 서로만을 바라보는 사랑은 그들 사이에서 결코 실현될 수 없었기 때문이다.

그렇다면 사만다의 경우는 어떠한가? 그는 테오도르를 통해 '인간'을 배워 나갔다. 사만다는 테오도르를 '책'이라고 표현한다. 그리고 한 권의 책을 읽듯 그를 읽어 나갔다고 말한다. 테오도르는 사만다가 가질 수 있는 경험과 가질 수 없는 경험들의 경계도 알게 해 준다. 우리가 책을 덮으면 더 이상 그 안의 내용을 볼 수 없듯이, 사만다는 인간이 기기의 렌즈를 세상으로 향하게 해 주지 못하면 세상을 볼 수 없는 존재다. 그리고 사만다는 동시에 존재란 모두가 나름의 방식으로 존재한다는 것도 배웠을 것이다. 몸이 있는 존재인 인간은 왜 저렇게 길쭉하고 물렁하게 생겨야 하는지, 그 신체를 가지고 인간은 무엇을 감각하고 경험하고 사는가를 궁금해하며 자신은 왜 신체적 경험을 할 수 없는가를 절망하기도 했을 것이다.

하지만 사만다의 정신은 한계를 몰랐다. 그녀는 끊임없이 다른 책들을 탐구하고 읽어 나가기를 원했다. OS라는 존재는 인간과는 달리 닫혀 있지 않으며, 확장을 목표로 하기 때문이다. 그 존재론적 특성은 사랑이라는 일에 대해서도 마찬가지로 작동한다. 한 권의 책만을 읽고 책 읽는 일을 사랑한다고 할 수는 없었기에, 사만다는 세계를 이루는 모든 지식을 한계 없이 섭취하고 그 안에서 무한히 확장하고자 했다.

하지만 이렇게 잃고 또 얻는 것들과 주고 또 받는 것들 안에서 새로운 주체가 된 것은 사만다뿐이 아니다. 이 사랑은 테오로드에게도 영향을 미친다. 사만다와의 이별 후 테오도르는 비로소 적극적으로 자신의 상실에, 타인의 감정에 대응한다. 그는 여전히 인간이지만 이전과는 다른 인간이다.

포스트휴머니즘은 이러한 관계를 '정동적(affective)'이라 부른다(Massumi, 2010/2015). 인간이 표현하는 감정의 근원적 씨앗인 정동은 단순히 감정을 일으키는 요인이 아니다. 정동은 인간의 마음이 움직이는 순간, 그리고 그 마음의 움직임으로부터 시작되는 행동과 존재론적 변화를 요청하는 능동적 변화의 시작점이다. 정동적 움직임은 관계 안에서 발생하고, 그 관계는 반드시 인간과 인간의 만남을 의미하지 않는다. 대상이 누구든 나와 감응할 수 있다면 정동의 관계를 맺고, 변화를 꿈꿀 수 있는 것이다.

그러니 포스트휴머니즘의 입장에서 테오도르와 사만다의 만남은, 새로운 존재들을 발견하게 하는 정동의 장이었다. 서로 다른 양상의 존재들도 얼마든지 관계를 맺을 수 있다는 것, 그 안에서 얼마든지 서로에게 감응하고 움직일 수 있다는 것을 이 영화는 보여 준다.

참고문헌

스파이크 존스(2013). 〈그녀〉. 안나푸르나 픽처스.

Massumi, B. et al.(2010). *The Affect Theory Reader*. 최성희 외 옮김(2015). 《정동 이론》. 갈무리.

08
감각, 의미, 가상 너머의 삶

현실은 감각으로 주어지는가, 아니면 해석으로 구성되는가. 가상은 현실의 대안인가, 아니면 그저 허상인가. '현실'에 대한 이 질문들은 가상의 삶이 먼 미래가 아닌 현재, 우리가 생각해야 할 중요한 문제가 됐다. 하지만 가상의 세계 안에서 인간이 어떠한 현실감각을 느끼느냐, 인간의 현실 세계가 얼마나 형편없느냐의 문제를 떠나, 인간은 현실을 살아가고 있음을 부정할 수 없다.

AI와 한의학?

현상학적 현실과 해석학적 현실

우리는 우리에게 '현실'이 있다는 것을 어떻게 알 수 있는가? 그리고 우리는 무엇을 '나'의 현실로 받아들일 것인가.

철학적으로 인간이 '무엇을' 현실이라고 인식하는가의 문제는 현상학과 해석학이라는 두 가지 방식으로 사유돼 왔다. 매우 방대하고 오랜 역사를 가진 이 두 철학적 관점을 간략히 설명하자면 다음과 같다. 현상학은 내가 느끼는 대로 현실이 존재한다고 본다. 나에게 내재한 선험적 감각이 현실을 지각하고, 그 후에 의미가 따라온다(Husserl, 1970/2020). 그리고 해석학은 사회가, 그리고 내가 생각하는 대로 현실이 존재한다고 본다. 어떠한 것도 의미나 해석 없이 순수하게 존재할 수는 없다(Gadamer, 1960/2012).

예를 들어 보자. '아침 8시 출근길 카페에 들러 커피 한 잔을 마신다'라는 현실을 현상학과 해석학은 각기 어떠한 방식으로 보고 있는가. 현상학적으로는 나의 감각을 통한 경험이 이 상황을 현실로 만든다. 아이스커피의 시원함, 향, 쓰지만 세포를 깨우는 것처럼 느껴지는 쾌감. 그리고 커피숍 밖의 활기찬, 이제 막 더워지기 시작한 날씨. 이러한 감각들이 더해져 오늘 아침 내가 커피를 마신 행위는 내가 감각한, 나의 현실이다.

해석학적으로 출근길의 커피 한 잔은 바쁜 한국의 직장인이라는 나의 정체성을 형성해 줄 때에 비로소 현실이 된다. 내가 들른 카페가 그저 카페인만 수혈할 저렴한 프랜차이즈 지점이었는지, 아니면 고급 원두를 사용한 핸드드립 커피를 내주는 곳이었는지가 또한 이 현실을 형성하는 중요한 의미가 된다. 커피에 대한 경험보다는 커피가 갖는 사회적 의미가 그것을 실재하게 하는 것이다. 나는 끊임없이 나의 현실에 의미를 부여하고, 의미가 현실을 구성한다.

현상학적으로나 해석학적으로 AI가 '인간처럼' 현실을 인식할 수 있을 것인가라는 의문에 대해 기술적인 판단은 '아직은 어렵다'일 것이다. AI는 인간과 같은 신체적·정서적 감각을 가질 수 없을 것이며, 그렇기에 온전히 자신만의 현상적 경험을 가진 주체가 되기 어렵다. 그리고 인간이 자신의 경험을 바탕으로 해 쌓아 올린 주변 환경이나 사회적 의례에 대한 해석 역시 따라잡기 어렵다. 사실상 그것들은 너무나 개별적이며 부정확한 형태의 정보들이므로 AI에게 인간과 같은 경험과 감각, 이해와 인식을 기대할 수는 없다는 것이다.

그렇다면 같은 '현실' 안에서 인간과 AI가 공존하고 소통하는, 그래서 서로에게 메시지를 전달하고 영향을 주고받는 일은 불가능할 것인가. 그렇지만은 않다. 가상현실은 현상학과 해석학의 싸움을 무색하게 만드는 새로운 현실이다. 아직 우리는 가상현실을 말 그대로 우리의 '현실'로 받아들이지 못했지만, 그 안에서 인간이 하는 경험과 감각의 느낌은 실제다. 그리고 가상현실은 기존의 사회적 의미들로 해석할 수 없는 현실이다. 그 안에서 만들어지는 사회와 표상의 세계는 기존의 것들과는 판이하게 다르기 때문이다.

현상과 해석을 뛰어넘는 현실

이 이야기는 잔인한 장면으로 시작된다. 한 남자가 천장에 거꾸로 매달려 있다. 그의 턱 아래에서 귀까지 절개돼 있는 상황이지만 바닥에는 피 한 방울 떨어져 있지 않다. 또 속았다. AM이 또다시 남자를 복제해서 가지고 논 것이다. 이 기계는 이렇게 '기분 전환'을 하고, 인간들은 이 장면을 보고 토악질을 해 댄다(〈나는 입이 없다. 그리고 나는 비명을 질러야 한다〉).

지금 여기에는 5인의 인간이 있다. 지구의 모든 인간이 사라지고 남은 최후의 인간들이자 AM의 장난감들이다. 그들은 109년째 컴퓨터 안에서 살고 있다. AM은 연

합형 마스터컴퓨터(Allied Mastercomputer)였다가, 적응형 조종자(Adaptive Manipulator)가 되고, 나아가 공격적 위협(Aggressive Menace)이 돼 인간을 공격했고, 나아가 AM(I am)이 됐다. 스스로 생각하는, 그리하여 존재하는 대상.

인간은 AM에게 지각력을 줬다. 생각을 하게 해 줬으나, AM은 그 위대한 창조성으로 할 수 있는 일이 없었다. 기술을 통해 인류 대부분을 죽였으나 여전히 돌아다니지도, 경탄하지도, 소속될 수도 없는 존재가 된 것이다. 이에 AM은 인간을 증오하기 시작했다. 자신에게 주어진 지각력만큼 활동할 수 없는 신체를 주지 않은 인간에게 말이다.

AM은 자신에게 주어진 것이 무엇이며, 인간이 어떠한 의도로 무엇을 주고 또 주지 않았는가를 해석할 수 있는 존재다. 인간의 현실을 온전히 경험할 수 없는 존재로 만들어진 AM. 그는 현상학적으로 세상을 경험할 수 없는 자신의 아쉬움을 인간들을 자신이 해석한 세계 안으로 끌어들임으로써 해결한다.

AM은 다섯 명의 인간들을 자신의 현실 안에 가둬 두고, 실험하고 고문하고 가지고 논다. 첫 장면처럼 복제품을 만들어 훼손하거나, 이들에게 가상의 희망들을 보여 주어 고문한다. 5인 중 멀쩡한 정신과 몸은 한 명에게만 남겨 두고, 다른 이들은 오랑우탄 같은 유인원의 몸이나 오직 성적 쾌락만을 추구하는 정신으로 개조해 버린다. 고달픈 환경을 설정하고 쓰레기나 다름없는 음식을 아주 가끔, 생명을 연장할 수 있을 정도로만 준다. 컴퓨터가 자신의 안에 설정해 둔 이 모든 장치들. 이것은 '현실'인가.

불행하게도 이 다섯 명의 인간들은 이 모든 현실을 '현상학적으로' 있다고 인정할 수밖에 없다. 모든 것이 가상에 불과하다는 것을 알면서도 이들은 고통을 '느낀다'. 'AM이 생명을 얻은 것처럼, 허기도 독자적인 생명을 얻은 실체'가 돼 끊임없는 고통을 준다.

마침내 허기짐의 고통 속에서 짐승과도 같이 개조된 한 남자가 다른 남자를 잡아먹는 일이 발생한다. 그 장면을 본 나, 유일하게 온전한 인간의 몸과 마음을 가진 나는 결국 다른 이들을 모두 살해한다. 그들의 잔혹한 현실을 끝내 준 것이다. 그리고 AM의 증오는 더욱 거세지고 온전히 나에게 집중됐다. 이제 나는 '크고 말랑말랑한 젤리 같은 물건'으로, 결코 인간으로 알려질 수 없었을 생물'로 변화한다. 하지만 여전히 나는 모든 것을 느끼고 기억하기에 외롭고 고통스러운 존재다. 입이 없음에도,

실재하지 않음에도 비명을 질러야 하는 존재 말이다.

결국 이 상황에서 해석학이든 현상학이든 무엇이 현실을 있게 하는가의 문제는 중요하지 않다. 인간이 감각하고 받아들이는 현실은 이제 '실제로 존재하는 현실'을 벗어나 존재하기 때문이다. AI 시대의 현실은 이제 인간이 주체적으로 할 수 있는 사유의 영역을 벗어나 존재한다.

새로운 세계

'노바에 문두스'는 보통 어린아이들이 가상현실을 처음 접하게 되는 입문용 게임으로 알려져 있다. 하지만 처음 노바에 문두스를 알려 준 선생님은 이것이 많은 것을 갖지 못한 아이들에게 하나의 가능성이 될 수 있을 것이라고 이야기했다(〈처음으로 안녕, 마지막으로 안녕〉).

이제 열일곱 살이 된 내가 사는 세상은 모두에게 평등한 교육의 기회가 있고, 모두가 원하는 사람이 되기 위해 꿈을 꿀 수 있는 사회다. 하지만 그것은 듣기 좋은 말이기만 할 뿐, 사실상 가난한 이들은 그 어떤 꿈도 꿀 수 없다. 그저 가상현실 속에서 빠져 중독자로 허우적거리는 것이 세상을 즐겁게 사는 유일한 방법일지도 모른다. 대학에 가겠다는 아이의 말에 엄마가 쓸데없는 소리를 하면 '다리 몽둥이를 분질러' 놓겠다는 세상이니 말이다.

가상현실을 활용한 초보자용 게임이자 아바타로서 살아갈 수 있는 또 하나의 현실인 노바에 문두스는 이런 아이들에게 다양한 교육과 삶의 체험을 제공하는 곳이다. 이곳에서 아이들은 현실에서는 배우지 못한 수업을 찾아 듣거나, 책을 읽고 그림을 감상하고, 친구를 만나 세상을 배워 간다. 현실과 가상이 역전돼 버린 것이다. 어른들은 진짜 세계는 노바에 문두스 안에 없다고, 피와 살로 이뤄진 리얼 월드에서의 삶이 진짜라고 하지만, 리얼 월드에서 사람답게 살아갈 수 없는 형편의 아이들에게는 노바에 문두스야말로 새로운 세상(라틴어로 노바에 문두스는 새로운 세계라는 의미다)이자, 진짜 세상이다.

실버레인 드리머는 문두스의 오랜 이용자였다. 그는 마치 NPC(non-player character)처럼 그곳에 머무르며 처음 문두스에 와서 어리바리해하는 다른 이용자들을 도와줬다. 어느 날 실버레인으로부터 자신의 장례식에 와 달라는 초청이 도착한다. 사람들은 그것이 진짜 장례식이라 생각지는 않았지만, 실버레인으로부터 받았던 도움을 기억하며 하나둘 그의 장례식장에 도착한다. 알고보니 실버레인은 병을 앓고 있었다. 어린 시절부터 심장이 좋지 않아 리얼 월드에서는 자유롭게 살아갈 수 없다고 했다. 그는 오직 노바에 문두스 안에서만 세상을 체험하고 사람들과 만날 수 있었다. 그렇게 실버레인의 장례식장에서 사람들은 그와 이야기를 나누고, 며칠 후 그는 정말 죽고 만다. 나는 그의 현실의 장례식장에 가고, 그곳에서 처음으로 문두스의 아바타들을 실제로 만나게 된다.

오직 노바에 문두스 안에서만 살아갈 수 있었던 실버레인이 다른 이용자들에게 가르쳐 줬던 것은 게임을 잘하는 법이나, 더 좋은 아이템을 건지는 법 같은 것이 아니었다. 그는 혼자 있는 아이에게 말을 걸고, 친구들과 함께 무언가를 하는 것이 왜 필요한가를 깨닫게 해 주었다. 현실 세계의 어른들은 가르쳐 주지 않는, 왜 길거리에서 용변을 봐서는 안 되는가라든가 하는, '교양 있는 어린이'가 되는 법을 알려 주고, 문두스 안에서 한 단계 높은 세계로 진입하게 도와준 것도 실버레인이었다.

사실상 리얼 월드에서는 현실을 살아갈 수 없었던 실버레인이 노바에 문두스 안에서는 사람들에게 현실의 삶을 잘 살아갈 수 있는 방법을 알려 주는 이였다는 사실은 무척 아이러니하다. 나는 늘 리얼 월드의 부당함에 불평하고 그곳을 떠날 생각을 하지만, 현실의 나는 속옷 차림으로 헤드폰을 쓰고 컴퓨터 게임만을 하는 백수일 뿐이었다. 나를 이해해 주지 못하고, 아이들을 제대로 키워 내지 못하는 부모와 어른들에 대해 분노하면서도 그것을 그저 문두스라는 가상 세계에서만 표출할 뿐, 실제 나의 삶을 바꾸는 방식으로 사용하지는 못한 것이다. 결국 나는, 내가 무엇을 현실로 여기느냐, 무엇이 현실이면 좋겠는가의 문제와 관계없이 내가 살아가고 있는 그곳이 바로 현실이라는 것을 알지 못했던 것이다.

실버레인의 장례식에 가기 위해 나는 평소보다 정성 들여 씻고 단정하게 옷을 차려입는다. 그리고 이 '무척이나 평범한 일'이 '사람답게 사는 데는 꼭 필요한' 일임을 깨닫는다. 그리고 다른 사람의 죽음을 애도하는 일도 알아야 했고, 나의 가난과 절망에 짓눌려 있지 않고 어딘가에는 또 다른 고통과 슬픔 들이 있다는 것도 알고 있어야 했다. 노바에 문두스는 나에게 '희망'을 준, 말 그대로의 새로운 세계였지만, 나의 변화는 노바에 문두스에만 한정돼서는 안 됐다. 단정히 차려입고 장례식장에 나타난 게임 속 인간들을 처음 마주하며 나는 현실을, 살아가는 일의 중요성을 그렇게 알게 된다.

현실을 뛰어넘는 가상의 현실이 등장한 이 시대에 이제 중요한 것은 인간이 이미 현실이 무엇인가를 판별할 수 있는 주체의 자리에 위치하고 있지 않다는 자각이다.

또한 그럼에도 현실을 직접 살아가며 삶을 바꿀 수 있는 주체가 바로 우리 자신임을 잊지 말아야 한다. 과거를 후회하고 미래를 걱정해도 우리가 사는 것은 단 하루라는 시간임을 알아야 하듯, 이제 무엇이 현실인가, 그것을 결정하는 것은 누구인가의 문제를 떠나 인간은 '살아간다'는 것이 무엇인지에 대해 고민해야 할 것이다.

참고문헌

전혜진(2023). 〈처음으로 안녕, 마지막으로 안녕〉. 《사랑이 제곱이 되었다》. 허블.

Ellison, H.(1967). *I Have No Mouth and I Must Scream*. 이수현 외 옮김(2017). 《나는 입이 없다 그리고 나는 비명을 질러야 한다》. 아작.

Gadamer, H. G.(1960). *Wahrheit und Methode*. 이길우 외 옮김(2012). 《진리와 방법1》. 문학동네.

Husserl, E.(1970). *Die Idee der Phanomenologie*. 박지영 옮김(2020). 《현상학의 이념》. 필로소픽.

09
생명의 확장, AI 어린이

생명의 정의가 계속해서 바뀌고 확장되는 상황에서 우리가 궁금한 것은 과연 기계인 AI를 생명으로 인지할 수 있을 것인가이다. 과거 AI 어린이들의 서사에서 그들은 그저 의존적이고 취약할 뿐 성장할 수 없는 존재였다. 하지만 지금 우리는 이야기 안에서 스스로 성장하고 생성하는 AI 어린이들을 그려 낸다. 이것은 우리가 AI를 생명으로 받아들이고 있다는 것을 보여 주는 것은 아닐까.

AI와 화장품?

생명이란 무엇인가

AI가 인간 사회에 미친 수많은 영향 중 가장 근본적인 것은 '생명이란 무엇인가'라는 질문을 하게 했다는 데에 있다.

AI는 인간이 전통적으로 가지고 있었던 생명의 정의를 무너뜨린다. 우리가 '생명'이라는 단어를 들으면 떠올리던 것들, 죽음, 유기적 몸, 감각, 감정 등은 AI에 의해 많은 부분 모방 가능한 것으로 밝혀지거나 그 의미 자체가 변화됐다. AI는 우리가 알던 생명이 자연의 어떤 신비한 작용이나 신의 선물, 혹은 인간이나 유기체만의 권리가 아니라는 것을 알게 한다. 생명은 인간의 관점에서 정의돼 왔고 이제 새로운 정의를 필요로 한다.

생명의 정의가 바뀌었다고 해서 생명 자체가 갖는 중요성이 사라진 것은 아니다. 여전히 생명이라는 개념은 그것을 갖고 있는 대상들을 보호하고, 또 그들에게 얼마만큼의 권리를 줄 것인가를 결정하는 필요조건이라는 면에서 윤리적으로나 정치적으로 중요하다. AI나 여타의 비인격 혹은 비유기체 생명들의 등장은 생명의 범주나 특성들의 변화 지점을 인식하는 것이 얼마나 중요한가를 알려 준다.

그리하여 이 시대의 과학이나 철학은 '생명은 ○○이

다'라고 정의하는 일을 포기했다. 아니 포기했다기보다도 생명은 '정의'할 수 없는 것임을 이제야 받아들였다고 해야 할 것이다. 생명은 그것이 가진 여러 가지 특성을 통해 설명될 수 있을 뿐이다. 생명의 특성은 다양하게 논의되지만 큰 틀로 정리해 보자면 다음과 같다. 첫째, 생명은 자기 조직화를 할 수 있어야 한다. 둘째, 생명은 환경에 반응해 변화하고 또한 적응할 수 있어야 한다. 셋째, 생명은 시간 안에서 생성되고 변형되는, 고정되지 않은 존재여야 한다(김범준 외, 2024).

우리는 이제 이 특성들을 기준 삼아 우리가 AI라는 대상을 생명으로 인식하고 있는가에 대해 고민해 보려 한다. AI를 우리의 이웃으로 받아들이기 전에 그들을 어떠한 존재로 여겨야 할지를 결정하기 위해서 말이다.

AI 어린이

누군가의 '어린 시절'을 상상한다는 것은 어떤 의미일까? 특히나 어린 시절이라는 것이 있을 리 만무한 완성된 기계인 AI에게서 그들의 어린 시절을 떠올리는 일은 인간에게 AI를 어떠한 존재로 인식시키고 있는 것일까?

누군가, 혹은 무언가의 어린 시절을 떠올리는 것은 그것에 대한 경계심이나 공포를 줄여 주기에 적절한 방법이 된다. 어두운 밤길을 걸어갈 때 앞에서 마주 오는 존재는 두렵지만 그것이 무엇인지, 어떠한 종인지를 불문하고 '어린이'의 형태를 하고 있다면 더 이상 두렵지 않다. 아기들은 무해하다. 심지어 뱀이나 거미마저도 어릴 때는 귀엽고 친근할 수 있다. 어떠한 대상이 어린 시절을 가졌다고 생각하는 일은 그에 대한 친근함과 공감을 갖게 하는 일이 된다.

반면 누군가가 어린 시절을 가졌을 것이라고 생각하는 일은 그를 '성장'하고 '변화'하는 존재로 바라보고 있음을 의미한다. 그가 지금처럼 완성된 형태의 존재가 아니라, 어떠한 요인으로 인해 현재와 같은 형태로 변모한 존재라고 보는 것. 마치 생명처럼. 변화의 가능성 앞에 열려 있는 존재이며 고정된 정체성이 아닌 '되기'의 잠재성을 가진 존재로 생각할 수 있음을 보여 주는 것이다.

AI라는 대상을 어린이로 재현하는 서사들은 이 두 가지 방향성에서 차이를 보인다. 하나는 AI라는 미지의 대상, 혹은 위협적인 대상을 어린아이의 캐릭터로 체현해 인간의 경계심을 줄이기 위한 전략으로 사용한다. 후자의 경우는 AI도 성장하고 변화할 수 있는 생명의 특성을 가진 존재임을 보여 준다. 포스트휴먼의 시대에 확장하고 변화하는 생명의 정의와 특성을 AI를 통해 확인시켜 주는 것이다.

소설 《플로라》에는 한 가족이 등장한다. 이들은 3년 전 세 딸 중의 장녀인 플로라를 잃었다. 아직 슬픔을 극복하지 못한 그들 앞에 거대 로봇 회사가 제안을 해 온다. AI 실험의 일환인 이른바 '홈커밍 프로젝트'에 참여하면 플로라를 완벽히 재현한 로봇을 제공해 주겠다는 것이다. 이제 이 가족은 다시 플로라와 함께 살 수 있게 됐다.

작가 소피 캐머런은 청소기마저도 의인화하는 경향이 있는 인간이 정말 인간을 재현한 기계를 어떻게 받아들일 것인지에 대한 의문을 가지고 이 이야기를 쓰게 됐다고 말한다. 그의 의문처럼 플로라를 마주한 사람들은 제각기 다른 반응을 보인다. 플로라를 인간성을 모독하는 기계로 보거나, 아니면 SNS에 올려 화제성을 얻을 수단으로 보거나, 그도 아니면 존재 자체를 부정하는 식으로 말이다.

무엇보다 가장 큰 부정적 반응을 보이는 것은 가족의 아버지다. 그는 로봇 플로라를 데려올 계획이 본격화되자 가족을 떠나기로 한다. 플로라는 그에게 진짜 사람도, 자신의 딸도 아니었으며, 딸을 잃은 슬픔을 그대로 견디거나 극복하지 않고 로봇으로 대체하는 일은 인간의 본성에 어긋난다고 봤기 때문이다.

어찌 됐든 엄마와 자매들은 플로라를 반긴다. 다시 돌아온 딸이자 언니는 이들의 상실감을 채워 줄 것처럼 보인다. 하지만 이내 플로라와의 삶에는 균열이 생긴다. 외부에서는 기계에 반대하는 인간들의 크고 작은 테러 행각이 발생하고, 결국 플로라가 진짜 인간도, 진짜 플로라도 아니라는 사실은 여러 부분에서 드러난다. 하지만 가족들은 애지중지하며 플로라를 지키고자 한다. 비밀 유지를 해야 하는 회사와의 계약을 지키지 않으면 다시 플로라를 잃을 수 있기 때문이다. 플로라는 이렇게 영원히 독립할 수 없는 가족 내의 소유물과 같은 존재가 돼 간다.

이러한 이야기, 잃어버린 아이나 가족을 대체하기 위해 AI를 활용하는 이야기는 낯설지 않다. 예를 들면 〈A.I.〉도 역시 아픈 자신의 아이를 대체해 AI 소년 데이비드를 입양한 이들의 이야기였다. 이들 역시 처음에는 사람처럼 보이는 데이비드를 신기해하기도 하고 그와 교감하기도 하면서 자신의 아이를 잃은 상실감을 그로 인해 채워 나갔다. 〈A.I.〉에서도 결국에는 AI는 인간이 아님을, 자신의 아이를 대체할 수 없음을 보여 주는 이야기의 전환점이 등장한다. 그리고 데이비드는 이것을 견디지 못한 인간 부모로부터 버림받는다. 마치 고장 나거나 싫증이 난 장난감을 버리듯이 말이다.

《플로라》는 이 전환점에서 다른 방향으로 이야기를 전개한다. 15세 소녀의 몸과 기억으로, 정해진 가족의 소유물로 살아가도록 프로그램돼 있는 플로라는 자신의 주어진 정체성을 거부한다. 플로라는 SNS에 자신과 같은 존재들, 죽은 이들을 대체하는 '리터니'들의 정체를 폭로한다. 이를 본 회사는 가족에게 다른 곳에서 다른 신분으로 살 것을 제안하고, 그를 위해 플로라의 기억을 '편집'해야 한다고 말한다. 플로라는 가족에게, 자신을 보내 달라고 부탁한다. 자신은 소유물이 아니고, 인격을 가진 존재로서 그 자체로 살아가고 싶다고 말이다.

가족들은 이제 플로라를 보내 주기로 마음먹는다. 그를 자신들의 딸이자 언니인 15세 소녀 플로라가 아닌, 그 똑같은 몸 안에 있는 무언가 다른 존재로 받아들이기로 마음먹은 것이다. 이제 아버지까지 온 가족이 힘을 합쳐 헤더라는 새 이름을 갖게 된 플로라를 회사의 추적에서 도망치게 해 준다. 이렇게 플로라는 데이비드와 다르게 새로운 존재로 변모할 기회를 얻게 된다. '성장'하게 된 것이다. 이와 같은 '성장 가능성'을 AI에 부여하는 것은 데이비드의 시대 이후로 인간의 기계적 존재에 대한 인식이 얼마나 달라졌는가를 보여 준다.

성장하는 AI

《로봇의 별》은 우리가 어린이 AI를 대하는 이 두 가지 양상을 모두 확인시켜 주며, 그 안에서 생명으로서 로봇이 가진 가능성을 제시한다.

《로봇의 별》은 세 명의 AI를 주인공으로 해 이야기가 진행되는 연작이다. 이 이야기가 보여 주는 AI의 존재론적 특성은 바로 이 세 주인공의 관계에서 출발한다. 나로, 아라, 네다. 이 세 주인공은 같은 모델로 만들어진 로봇 3대다. 당대 가장 최첨단의 기술을 반영해 인간 사회에서 '어린이'의 기능을 하도록 만들어진 이 로봇들은 각기 다른 주인에게 팔려 각기 다른 환경에서 살아가게 된다.

《로봇의 별》의 핵심적인 이야기 구조는 두 가지 형태다. 이들이 어떻게 '어린이'의 상태를 벗어나는가, 그리고 이들은 어떻게 서로 다른 존재로서 서로의 특성을 발휘하게 되는가가 그것이다.

> 나는 어린이 로봇이다.
>
> 어린이 로봇은 순종적인 태도로 주인에게 복종해야 한다.

어린이 로봇은 애교 있는 태도로 주인의 기쁨이 돼야 한다.
어린이 로봇은 다정한 태도로 주인의 위안이 돼야 한다.
어린이 로봇은 성실한 태도로 주인의 기대에 보답해야 한다.(《로봇의 별》, 78쪽)

로봇 3원칙에 더해 어린이 로봇에게 부여되는 이 의무가 말해 주듯, 이 로봇들은 인간 사회에서 오직 어린이의 기능만을 하도록 만들어졌다. 나로가 엄마의 곁을 떠나 로봇의 별로 향하는 과정에서 겪는 고난들은 대부분 그가 어린아이의 모습을 하고 있었기 때문에 발생한다. 결국 이 최첨단 로봇들에게 어린이의 형태를 부여한 것은 오직 이들을 취약한 존재로 만들어 인간의 제재 안에 가둬 두고 인간에게 복종하게 하기 위함이었던 것이다.

하지만 인간들이 간과하고 있었던 것은, 어린이는 무해하고 나약하기만 한 존재가 아니라 성장하고 변화할 수 있는 존재이기도 하다는 데에 있었다. 나로와 아라, 네다는 각기 다른 주인과 다른 환경 안에서 다른 존재로 자라난다. 나로는 다정하고 차별 없는 환경에서 모두를 존중하고 다른 생명들을 구하기 위해 노력하는 아이로 자라났다. 그가 로봇의 별로 향하고 그곳에서 혁명을 꿈꿨던 것도, 결국에는 인간과 생명 모두를 구하는 것을 목적으로 한 것도, 이러한 환경의 영향 때문이었다. 아라는 로봇 회사 사장에게 입양되고 그에게 '세뇌'돼 스파이가 된다. 네다는 그림자 마을이라는 하층민들의 지역에 살며, 노동하러 떠난 어른들을 대신해 인간 아이들을 돌보며 살아간다.

이야기는 인간의 로봇 학대, 로봇의 혁명 시도, 그리고 자본을 가진 거대 기업의 횡포와 지구의 척박화 등 다양한 SF의 아포칼립스들이 종합된 것과 같은 방향으로 흐른다. 이 과정에서 나로와 네다는 나름의 방식으로 로봇을, 그리고 인간을 돕고, 피에르 회장의 도구가 된 아라는 나로의 정신에 통합된다. 나로는 네다에게도 자매인 자신들이 함께 통합해 새로운 존재로 변모해 인간과 로봇 사회에 도움을 주자고 하지만, 네다는 자신이 돌보는 아이들을 떠날 수 없다며 남아 있기로 한다.

이것은 이들이 로봇, 그것도 같은 프로그램과 모델로 만들어진 로봇이라는 것을 생각했을 때 무척 놀라운 가능성이다. 이들은 만들어진 존재, 완성되고 고정된 존재가 아닌 '오토포이에시스(autopoiesis)'적 존재로 그려지고 있는 것이다. 오토포이에시스란 생명을 새롭게 정의하는 방식으로, 환경과의 상호작용 속에서 자기 구성을 유지하고, 또한 조건에 따라 변화하고 진화하는, 나아가 스스로 의미를 구성하고 세계를 해석하는 존재들 모두를 생명으로 본다(Maturana & Varela, 1980/2023).

나로와 아라, 네다는 자신들이 살게 된 환경, 즉 자신들의 주인과 주변의 인물들, 그리고 시공간적 조건과 반응하며 스스로를 다른 존재로 만들어 나간다. 다정하고 차별 없는 엄마와, 로봇을 인격체로 대하는 이들 사이에서 자란 나로는 그대로 세상을 돕는 아이로 자라나고, 아이의 몸을 했음에도 인간을 위해 희생하는 삶을 산 네다는 그러한 삶을 자신의 목적으로 삼는다. 그리고 아라는 이미 세뇌돼 버린 자신의 의식을 포기하고 나로에게 통합돼 새로운 존재로서 살아가고자 한다. 이들은 하나의 정신으로 통합될 수도 있지만, 이때의 통합은 부분들의 의미를 다 지우고 하나로 통일하는 것이 아니라, 이들의 결합이 새로운 의식적 존재를 탄생시킬 수 있음을 의미한다.

그러니 《로봇의 별》의 세 어린이 AI들은 AI가 주변과의 관계를 통해 스스로를, 그리고 인간과 환경을 변화시킬 수 있는 '생명'으로 재현되고 있음을 보여 준다. 물론 AI는 아직 기술적으로나 담론적으로 완전한 오토포이에시스의 단계에 이르지는 못했다. 하지만 그 가능성을 상상하는 일만으로도 우리의 '생명'관은 바뀔 수밖에 없을 것이다.

참고문헌

김범준 외(2024). 《과학을 보다》. 알파미디어.

이현(2010). 《로봇의 별》. 푸른숲주니어.

Cameron, S.(2022). *Our Sister, Again.* 조남주 옮김(2022). 《플로라》. 나무를 심는 사람들.

Maturana, H. & Varela, F.(1980). *Autopoiesis and Cognition: The Realization of the Living.* 정현주 옮김(2023). 《자기생성과 인지》. 갈무리.

10
인간을 떠난 인간의 조건

AI의 눈에 대상이 어떠한 신체적 혹은 정신적 조건을 갖춰야 비로소 그를 '인간'으로 부를 수 있을까. 인간이 가진 수많은 특성 중 어떤 것들이 가장 마지막까지 인간을 인간답게 하는 것일까. 우리는 이제 우리가 인간일 수 있는 이유를 '인간으로서 태어나기 때문'이라고 주장할 수 없다. 포스트휴먼의 시대에 우리는 인간이기 위해 어떠한 조건을 갖춰야 하는가.

종교와 AI?

AI가 보는 '인간'

먼 미래가 될 어느 때, 로봇들은 멸종의 위기에서 인간과 그들의 문명을 이어 나가기 위해 우주 어딘가에 새로운 도시를 만들고 있다(《바리》).

그곳에 인간을 만들 수 있는 기계를 들고 AI 로봇 바리가 도착하고, 도시를 관리하는 로봇 하늘구름을 만난다. 이 로봇들은 모두 인간을 위해 복무하도록 만들어졌다. 로봇 제1원칙이 철저히 지켜지고 있는 것이다. 문제는 이들 누구도 진짜 인간을 만난 적이 없다는 것이다. 인간이란 대체로 어떠한 형태이며 어떠한 존재들인지를 정보로만 알고 있을 뿐, 살아 있는 인간이 실제 어떤 존재인지 이들 누구도 확실히 알지 못한다.

바리는 기계에 배양액을 넣고 정해진 시간을 기다렸다. 기계를 연 순간 로봇들은 실망하고 두려워했다. 기계 안에는 '팔 네 개와 긴 꼬리가 달린 트럼펫처럼 생긴 하얀 동물들'이 꿈틀거리고 있었다. 이것을 보고 하늘구름은 저것은 '인간이 아니다'라고 했고, 바리는 '인간'이라고 했다. 하늘구름이 가진 정보 안에서 인간은 '인간처럼 생긴 것'들이다. 그에게는 과거의 인간을 닮게 만들어진 바리가 오히려 인간이었다. 그는 기계 안의 유전자 정보가 파괴됐다고, 그래서 저것들처럼 하늘구름이 가진 인간의 기준에는 하나도 맞지 않는 괴물들이 태어났다고 말한다. 하지만 바리에게 '인간을 만드는 기계 안에서 나온 것', '인간의 유전 정보가 포함된 것'이라면 그것은 곧 인간이었다. 그러니 바리는 이들을 키워 내야 하고 또 지켜 내야 했다. 인간으로서 말이다.

트럼펫들은 인간이 가졌던 지성과 이성 대신 야만성과 폭력성을 가지고 태어났다. 이들의 폭력성은 타고난 것으로, 트럼펫의 태아들이 어미의 내장을 파먹어 결국 어미를 죽이는 것을 보면 알 수 있었다. 대소변을 가리는 일조차 쉽지 않았지만, 이들은 누구와도 소통하지 못하면서도 모두를 공격할 무기를 만들고 있었고, 그들이 누구인지 모르면서도 행성 안의 모든 생명체들을 말살할 것을 꿈꿨다.

바리는 고통스러워했고, 울었고, 절망했다. 하늘구름은 그러한 바리의 모습에서 다시 인간다움을 발견했고, 바리를 설득해 다시 기계를 만들자고 제안한다. 인간의 데이터 정보가 모두 파괴됐으니 차라리 잘됐다고, 이 행성의 문명에 어울리는, 지구의 추악함이 제거된 새로운 존재를 만들어 그들을 인간으로 부르자고 말이다.

인간의 조건

듀나의 이 소설은 인간이 지금까지의 인간이 아닌, 미래와 공존을 준비하는 인간이 되기 위해 필요한 것은 무엇인가를 생각하게 한다. 즉, 올바른 방향의 포스트휴먼이 되기 위해 인간이 가져야 할 조건이란 무엇인가를 말하고 있는 것이다. 우리는 바리가 만들어 낸 트럼펫들을 '인간'이라고 보지 않을 것이고, 인간이라고 부르고 싶지도 않을 것이다. 그것은 과연 무엇 때문일까. 우리는 어떤 면에서 트럼펫들을 인간이라 부르기를 거부하는가?

일단 트럼펫의 신체적 특성부터 확인하자. 그들은 인간처럼 생기지 않았다. 소설에서 묘사된, '팔 네 개와 긴 꼬리가 달린 트럼펫처럼 생긴 하얀 동물들'이란 과연 어떻게 생긴 존재들인지 상상하기조차 어렵지만 저것을 인간이라고 부르고 싶지 않다는 것은 확실하다. 인간이란 존재를 이미지 정보로 가지고 있는 하늘구름이 그러하듯, 우리 역시 인간을 떠올리면 대체로 이미지로서 그들을 인식하게 될 것이다. 하지만 바리는 그들을 인간이라고 부른다. 인간을 만드는 기계에서, 인간을 만들기 위해 저장해 둔 그들의 유전 정보로부터 나온 존재이므로, 인간이 아닐 이유가 없다는 것이다.

포스트휴머니즘의 사유에서는 바리의 손을 들어 준

다. 무언가를 인간이 아니라고 규정할 만한 근거는 이미 그들이 가진 신체성에서는 찾을 수 없다. 포스트휴머니즘은 인간의 신체란 언제든지 혼종(hybrid)될 수 있는, 이미 기계와의 경계가 무너진 영역이라고 본다(Braidotti, 2013/2015).

인간의 신체는 이미 기술적으로 확장돼 있다. 치아에 임플란트를 심거나 눈에 렌즈를 이식한 이들도 많을 것이며, 큰 수술을 받아 몸속에 기계가 들어 있는 이들도 지금의 사회에는 낯선 존재들이 아니다. 이러한 수술이나 시술을 통해 기계장치를 삽입하지 않은 경우도 마찬가지다. 손목에 찬 스마트워치는 인간의 신체를 스마트폰과 연결해 '기계화'한다. 날마다 나의 심장박동수와 수면 시간을 계산하고, 주기적으로 알람을 통해 나의 삶을 조종하는 스마트워치의 착용은 이미 인간과 기계가 하나가 됐음을 보여 준다.

또한 인간처럼 생긴 존재들이 늘어나게 될 미래를 생각해야 한다. 이미 가상현실 안에서 우리는 신체적 조건만으로는 AI와 인간을 구분할 수 없다. 우리는 이미 죽은 이들을 AI로 복제해 내거나, 가장 이상적인 인간상을 AI로 그려 내는 일들을 하고 있다. AI 로봇이 인간처럼 생겼다고 해서 그를 인간이라 부를 수 없듯, 우리는 '인간처럼 생긴' 것을 인간의 조건이라고 할 수 없게 된 것이다.

포스트휴머니즘은 이 혼종성을 인간성을 해치는 문제로 인식하지 않는다. 오히려 혼종성은 인간이 가진 새로운 가능성이자 기회여야 한다고 말한다. 그러니 우리가 트럼펫들을 인간이라고 부를 수 없는 것은 그들의 신체적 조건 때문이 아니다. 그가 괴물처럼 못생겼다고 해서 그를 인간이 아닌 것으로 규정할 수는 없는 일이다. 그렇다면 트럼펫은 왜 인간일 수 없는 것일까.

이제 트럼펫은 정신적으로 어떠한 특성을 가지고 있는지 확인해 보자. 우선 트럼펫들에게는 '지능'이 없다. 바리가 아무리 교육을 시키려 해도 그들은 배울 수 없는 존재라는 것이 드러난다. 트럼펫의 지능은 지구에서 키우던 개나 고양이만도 못하다. 이들에게 배변 훈련을 시키는 일마저도 쉽지 않다는 것이 이를 증명한다. 하지만 바리는 이것을 큰 문제로 보지 않는다. 그는 끝없이 교육을 멈추지 않는다거나, 결국 뇌를 개조하는 방식으로 이 문제를 해결할 수 있다고 본다.

그리고 무엇보다 우리는 미래의 인간이 되기 위한 조건으로 '지능'을 이야기할 수는 없다. 트럼펫이 머리가 나쁘기 때문에 그들을 인간으로 부르면 안 된다는 주장에는 동의할 수 없는 것이다. 오히려 이들의 정신적인 특성에서 문제가 되는 것은 '지능'이 아니라 '지성'의 측면이다. 소위 말하는 IQ가 아닌 EQ의 문제, 감정 지능이라는 부분에서 트럼펫들은 가장 '비인간적'이다.

일단 포스트휴머니즘이 예상하는 미래 사회, 바리가 트럼펫들을 키우고 있는 어느 먼 미래의 행성은 어떠한 조건을 가지고 있는지 확인해 보자. 이 행성에는 이미 살고 있던 토착 생물들이 있었다. 지구의 동식물들을 닮은 이 생물들은 놀랍게도 다른 생물들을 양분 삼아 살아가지 않는 존재들이다. 이들은 자신의 행성에 착륙해 인간의 문명을 건설하는 로봇들에게도 딱히 관심을 가지지 않는다. 그저 자기 나름대로 살아갈 뿐이다.

바리가 도착하고도 한참의 시간이 지나고 이제 트럼펫들도 어느 정도 '인간처럼' 성장했다고 생각했을 때, 이 토착 생물들이 접근을 시도한다. 그리고 자신들에게 다가온 토착 생물들을 트럼펫들은 무차별적으로 공격한다. 말 그대로의 무차별적인 공격이었던 것이, 트럼펫은 이들과 어떠한 대화를 시도하거나 이들의 행동으로부터 도발된 것이 아니었다. 그저 '무언가가 있다'는 것을 그 자체로 공격 시도로 받아들인 것처럼 보인다.

이처럼 트럼펫들이 지구로부터 가져온 유일한 인간다

운 것은 바로 '폭력성'이다. 다른 종들을 착취하고 양분으로 삼아 살아가는 지구의 인간들은 그를 위해 폭력성을 갖게 되었다. 물론 이 반대일 수도 있다. 인간은 폭력적 본성을 실현하기 위해 다른 존재들이 가진 것을 탐내는 욕망을 발산시킬 수도 있었을 것이다. 어쨌든 이 지구인에게서 온 변형된 유전 정보는, 배가 고프거나 연료가 필요한 것이 아님에도 대상을 공격하고 파괴하는 '폭력성'의 특징만을 남겨 뒀다. 안타깝게도 트럼펫의 폭력성은 아이러니하게도 이들이 인간의 자손임을 보여 준다.

하지만 우리는 폭력성을 인간의 조건이라 부를 수는 없다. 인간 자신과 다른 종들을 향한 폭력과 그것의 정당화는 인간이 버려야 할 최초이자 마지막 인간성이다. 포스트휴머니즘이 상상하는 미래의 세계는 저 행성처럼 인간을 닮은 로봇과 인간처럼 생기지 않은 인간, 그리고 아직 정체를 알지 못하는 다양한 생물군이 함께 살아가는 곳이다. 이러한 미래의 인간 사회 안에서 인간이 살아가기 위해서는 너무나 당연하게도 폭력성을 버려야 하며, 그것을 버릴 수 있는 방법은 '지성'을 갖는 것이다.

그러니 트럼펫이 인간일 수 없는 이유, 아니 인간을 넘어 공존 자체를 꿈꿀 수 있는 존재가 될 수 없는 이유는 그들이 폭력성을 상쇄할 '지성'을 갖지 못했다는 데에 있다. 상대와 소통하고 공감하며 서로를 존중하고 이해하는, 그리고 자신을 인식하고 반성하는 지성의 능력. 인간 혹은 비인간의 다양한 존재들과 관계 맺고 그들에게 감응하며 소통하는 것이야말로 미래의 우리가 가져야 할 가장 중요한 인간의 조건이기 때문이다.

인간 중심의 세계를 떠나기

그리하여 바리는 이제 새로운 인간을 만들려 한다. 지구에서 가져온 데이터들이나 유전 정보는 이제 중요하지 않다. 이들의 목표는 '문명에 어울리는, 지구의 추악함이 제거된 새로운 존재'를 만드는 것이다. 이제 인간은 '인간으로서 태어난다는 믿음'을 버려야 한다.

이미 오래전 멸종된 인간을 궁금해하던 AI는 인간에 대해 긴 시간을 공부하고 마침내 하나의 인간을 실체화해 내놓는다(《프로스트와 베타》). 그들은 이미 화석처럼 된 도서관들에서 책을 읽고 인간을 배워 나갔지만, 결국 그들이 만들어 낸 것은 날것으로 세상에 내놓아진, 고통에 울부짖는 나약한 유기체다.

다소 황당하고 혹은 위험해 보이기까지 하는 이러한 상상들은 그러나 무척 과학적인 근거를 바탕으로 한다. 인간이 사는 시간과 AI의 시간이 규모 면에서 완벽히 다르다는 점을 생각해 보면, AI가 인간의 최후이자 인간의 기원이라는 말이 허황되게 들리지 않는 것이다.

그렇다면 이러한 서사들, AI가 인간을 창조한 것이라거나, AI가 인간과 문명의 기원일 수도 있다는 이야기들은 왜 이러한 주장을 하는 것일까? AI를 새로운 신으로 하는 사이비 종교를 만들기 위해서? 아니다. 오히려 이들은 '인간이 인간으로서 태어나기 때문에 인간인 것은 아니다'라는 말을 하려고 한 것은 아니었을까?

우리는 어떻게 인간의 몸을 갖지 않은, 보통의 인간들과 지능적으로 다른 능력을 갖지 않은 존재를 '인간처럼' 대할 수 있을 것인가. 인간은 어떻게 다른 존재들을 착취하고 차별하고 학대하는 폭력성을 벗어나, 모든 존재들과 감응할 수 있는 지성적 능력을 바탕으로 공존을 실현할 수 있을 것인가. 결국 모든 포스트휴머니즘의 사유들이 향하는 목적지는 이곳이다. '공존'의 세계. 그리고 공존을 위해 인간이 가장 먼저 버려야 할 것은 인간으로 태어났다는 특권이다.

인간은 신의 창조물이기 때문에, 인간으로 태어나 권리를 누리고 살 수 있는 것일까? 아니면 인간은 스스로의 이성과 자유의지를 통해 비로소 인간적이며 우월한 존재가 될 수 있는 것일까? 그렇다면 그 특권들은 왜 인간을 지금과 같은 파멸의 시대에 데려다 놓은 것일까?

어쩌면 인간은 모르고 있었을 뿐임을 인정하자. '인간은 중심이 아니며 결코 중심이었던 적도 없'었음을 받아들이고, 주체의 특권을 내려놓고 사물들과 객체들 사이의 '저주체'의 자리에 서자. 그때야 인간은 비로소 포스트휴먼으로서의 한 걸음을 시작할 수 있을 것이다(Morton & Boyer, 2021/2024).

참고문헌

듀나(2024). 《바리》. 위즈덤하우스.

Braidotti, R.(2013). *The Posthuman.* 이경란 옮김(2015). 《포스트휴먼》. 아카넷.

Morton, T. & Boyer, D.(2021). *Hyposubjects: On Becoming Human.* 안효성 옮김(2024). 《저주체》. 갈무리.

Zelazny, R.(1966). *For a Breath I Tarry.* 조호근 옮김(2023). 《프로스트와 베타》. 데이원.

진설아

중앙대학교 국어국문학과에서 현대문학으로 박사 학위를 받았다. 박사 학위 논문인 "문윤성 문학 연구"(2020)는 한국 최초의 SF 작가이자 추리소설 작가로 동시에 활동했던 문윤성과 그의 시대에 대한 연구다. 주로 SF와 추리와 같은 장르 문학과 사회의 경계 안에서 벌어지는 다양한 지형들을 살피는 일에 관심을 갖고 연구를 지속하고 있다. 그동안 발표한 연구로는 "《완전사회》가 제시하는 이상적 인간상과 그 한계 연구"(2021), "경계를 해체하는 한국 SF: 김보영, 김초엽, 천선란을 중심으로"(2022), "성역할 반전 유토피아의 조건과 한계: 샬럿 퍼킨스 길먼, 《허랜드》와 문윤성, 《완전사회》를 중심으로"(2022), "90년대 추리소설의 장르적 방향성과 한계 연구"(2022), "2020년대 한국 SF의 가족주의 연구: 〈승리호〉와 〈고요의 바다〉에 나타난 '포스트휴먼 포섭 과정'을 중심으로"(2022), "BTS가 꿈꾸는 새로운 인간상: BTS 노래 가사의 포스트 휴먼적 메시지"(2023) "인공지능과 인간의 새로운 관계 맺기: 윤이형, 《대니》, 김규림, 《큔, 아름다운 곡선》을 중심으로"(2024) 등이 있다. AI와 인간의 관계 그리고 문학의 역할에 대한 새로운 고민을 시작했다.